中职**美**育

主　编　王成麟　彭茂辉
副主编　李　霞　余腊梅　张艳涛
参　编　程兰诗　田艳平　罗　滢　申翔玫
　　　　李国见　刘　娟　周金玲　王　一
　　　　王　梅　王　强　王　荣　林　俊
　　　　王　静　刘　锦　乔曼逸　罗于勇
　　　　周名鹃　张又丹　苏　羿　肖明旨
　　　　赵　瑜　廖云峰　窦　钢　杜旭敏

重庆大学出版社

图书在版编目（CIP）数据

中职美育 / 王成麟，彭茂辉主编. -- 重庆：重庆

大学出版社, 2025.4. -- ISBN 978-7-5689-4990-3

Ⅰ. G40-014

中国国家版本馆CIP数据核字第2025H73X52号

中职美育

ZHONGZHI MEIYU

主编　王成麟　彭茂辉

责任编辑：章　可　　版式设计：章　可

责任校对：王　倩　　责任印制．赵　晟

*

重庆大学出版社出版发行

出版人：陈晓阳

社址：重庆市沙坪坝区大学城西路21号

邮编：401331

电话：（023）88617190　88617185（中小学）

传真：（023）88617186　88617166

网址：http://www.cqup.com.cn

邮箱：fxk@cqup.com.cn（营销中心）

全国新华书店经销

重庆正光印务股份有限公司印刷

*

开本：787mm×1092mm　1/16　印张：11.25　字数：282千

2025年4月第1版　　2025年4月第1次印刷

ISBN 978-7-5689-4990-3　定价：48.00元

前言
PREFACE

本书以习近平新时代中国特色社会主义思想为指导，在贯彻落实中共中央办公厅、国务院办公厅《关于全面加强和改进新时代学校美育工作的意见》等文件精神的基础上，立足于美育与德育、智育、体育、劳动教育的有机融合，引导学生感悟美的真谛，探讨美的奥妙，点燃学生对美好生活的向往与憧憬，培育其成为德智体美劳全面发展的社会主义建设者和接班人。

为此，编者精心设计了六个模块：美的概述，引领学生步入美的殿堂；敬畏自然之美，借祖国壮丽山河之姿，激发学生对自然的热爱，理解生命的伟大与崇高；沁润艺术之美，借丰富多彩的艺术形式，培养学生健康的审美情操，启迪想象力与创造力；传承文化之美，以博大精深的中华文化，涵养学生的人文情怀，坚定文化自信；品味生活之美，以健康向上的生活情趣，引导学生关注身心健康，拥有对美好生活的正确向往；成就职业之美，以感人至深的工匠精神，激励学生树立职业理想，担负民族复兴的伟大使命。

本书充分尊重中等职业教育的规律和学生成长规律，遵循美育特点，凸显价值塑造的核心地位。坚持跨学科融合，巧妙地将艺术、文学、地理、心理、健康、科技等多元知识融入各章节中；采用浸润式渗透，通过审美描述、审美引导与审美活动等板块，让学生在实践中愉悦身心、提升审美素养、完善人格修养；融入数字技术手段，引导学生通过 AI 技术、数字平台和数字资源，进一步增强美的实践，拓宽审美体验。

本书系重庆市职业教育教学重点教改研究项目"'五美融合'的中职学校美育培养体系建构与实践"和重庆市"十四五"教育科学规划课题"新时代职业学校'五美融合'美育课程体系构建与实践"的研究成果，编写过程中得到了重庆大学、西南大学、重庆师范大学、四川美术学院、重庆城市职业学院等多所高校的领导和专家的鼎力支持和悉心指导，在此，我们致以最诚挚的感谢与敬意。

编者

2024 年 11 月

目录

CONTENTS

第一章

美的概述

自然界中有山明水秀的美，也有陡峭险峻的美；艺术中有巧夺天工的美，也有朴实无华的美；文化中有源远流长的美，也有海纳百川的美；生活中有生气蓬勃的美，也有宁静淡泊的美；职业中有恪守匠心的美，也有革故鼎新的美。

学习目标

1. 认识美的形式与内容，能主动去发现和感知美。

2. 理解什么是美，能用恰当的语言归纳对美的认识。

3. 感悟劳动创造美，能在实践中呈现和创造美。

审美描述

"美"无处不在，它随着人类社会的进步不断丰富着自身的形式和内涵。美，感性具体，美味、美丽、美景、美人、美物……美，理性抽象，道德、情操、乐善、优雅、崇高……美，愉悦了我们的身心，又启迪着我们的智慧。

课前学习与发现

★ 审美引导 1

请你读一读"审美描述"的内容，通过查阅资料，与他人交流，谈一谈你对美的理解。

※ 审美园地 1

观察下面的图片，将你的发现与大家进行交流。

甲骨文

课中学习与探索

★ 审美引导 2

每个人对美都有不同的感受和理解，读一读"审美提示"中的词，用恰当的语言，将你对美的感受与大家分享。

> 审美提示：赏心悦目、心旷神怡、其乐融融、厚德载物、上善若水、明德惟馨、至善至美……

★ 审美引导 3

让我们一同参与"美"的审美活动，通过阅读文字、欣赏图片、应用现代信息技术手段查找相关资料等方法，一同去认识发现美，感知探索美，实践创造美。

◆ 审美活动 1　识美悟美

在《说文解字》《康熙字典》《现代汉语词典》中分别查一查"美"的释义。

"美"是个会意字，其甲骨文字形的下部是"人"，人的头上戴着羽毛之类的装饰物，很像现在京戏中武将头上所戴的雉鸡翎，显得威武且好看，这就是"美"。金文字形中，人头上的饰物变得更为复杂了。

| 甲骨文 | 金文 | 小篆 | 隶书 | 楷书 |

关于"美"字的演变

1. 美丽

"美"的本义是美丽。《战国策·齐策》中有"(邹忌)朝服衣冠,窥镜,谓其妻曰:'我孰与城北徐公美?'"(译文:邹忌早上穿戴好衣帽,照着镜子,对他的妻子说:"我与城北的徐公相比谁更美丽呢?")

2. 美德

"美"由美丽之义引申,可指才德或品质好。屈原的《离骚》中有"纷吾既有此内美兮,又重之以修能"(译文:我已经有这么多内在的美德,又注重修养自己的品性)。

3. 美好

"美"又引申指好事、善事。《离骚》中有"好蔽美而称恶"(译文:喜欢遮掩善的而宣扬恶的)。《论语·颜渊》中有"君子成人之美,不成人之恶"(译文:君子成全别人的好事,不去帮助别人做坏事)。

※ **审美园地 2**

中国书法的美体现在其意境之美,一点一画、一撇一捺,蕴含着中国式的气质与内涵。从中国书法到中国式现代化,蕴含了中华民族对美的独特理解,让我们一起推开美的大门,去认识、探索、感悟美。

活动主题:推开"美之门"。

活动步骤:

(1)查阅《说文解字》《康熙字典》《现代汉语词典》等中对"美"的解释,开展小组讨论,运用 AI 工具,理解什么是美。

(2)借助导学表开展"推开'美之门'"的活动,知晓美的形式和内容,发现和感知美。

(3)描摹"美"字书法,创作以"美"为主题的小作品,实践创造美。

"推开'美之门'"导学表

小组		小组长	
活动时间		活动形式	
美的探索与感悟			
美的类型	美的发现		美的感悟
自然之美			
艺术之美			
文化之美			

续表

生活之美		
职业之美		
美的实践与创造		
实践作品主题	作品特色	作品展示
活动收获		
自我评价	非常满意□ 满意□ 一般□ 不满意□	

备注：①"活动形式"可以是查阅书籍、运用 AI 大模型学习、小组讨论、交流、参观、听讲座等。
　　　②请小组长组织小组成员共同开展自我评价，可以从活动的意义、活动参与度、活动的效果等方面进行评价。

课后学习与拓展

★ 审美引导 4

　　"美"体现在人们的日常生活中。无论是自然风光的壮丽、建筑物的雄伟、服饰的时尚，还是人与人之间的和睦、真诚和关爱，都是美的体现。这些美的事物和特质不仅丰富了人们的生活体验，也提升了人们的精神境界。

—— 美 物 推 荐 ——

　　1.看一看关于美的纪录片——《中国》《汉字五千年》等。
　　2.读一读谈美的书籍：朱光潜的《谈美》、宗白华的《美学散步》、李泽厚的《美学四讲》。

第二章

敬畏自然之美

天地有大美而不言。美存在于「天地」之中，让心灵与自然触碰，领略充满诗意的锦绣山河，感动斗转星移的四季变化，敬畏生生不息的生命奇迹。

学习目标

1. 运用各种感官，感受和欣赏自然界中的美。

2. 以恰当的方式表达对自然界中美的感悟。

3. 理解人与自然"和谐共生"的思想。

| 第一节　锦绣山河 |

　　阳光穿透云层，万里山河幻化为一幅动人画卷。缓缓展开卷轴，置身于圣洁神秘的冰川雪山、壮丽雄奇的高山峡谷、静谧秀丽的草原湖泊、浩瀚深邃的海洋岛屿，细细品味这如诗如画的锦绣山河。

课前学习与发现

★ 审美引导 1

　　请你读一读"审美描述"的内容，展开联想，和大家分享家乡的魅力山水。

※ 审美园地 1

视频"美丽中国"

　　请观赏视频"美丽中国"，将让你印象深刻的美景记录下来，与大家交流。

课中学习与探索

★ 审美引导 2

　　我们可以从不同的角度去欣赏美景，去感受美丽山水带给我们的愉悦和感动。读一读"审美提示"中的词，你能联想到什么样的美景，将你的感受用美的语言和大家分享。

　　审美提示：神秘、圣洁、壮丽、险峻、静谧、激滟、雄奇、秀美、海纳百川、碧海青天、五彩斑斓、风光旖旎……

★ 审美引导 3

　　让我们一同参与圣洁神秘的冰川雪山、壮丽雄奇的高山峡谷、静谧秀丽的草原湖泊、浩瀚深邃的海洋岛屿四个审美活动。通过阅读文字、欣赏图片、观看视频、应用现代信息技术手段查找相关资料等方法，一同去感受祖国大美山河带给我们的震撼。通过"审美园地"的活动，进一步探索美、实践美、创造美。

◆ 审美活动 1　圣洁神秘的冰川雪山

亘古冰川

神秘雪山

看到这组图片，你能联想到哪些有关美的词？

亘古圣灵的冰川，在千亿年的时间里，矗立在茫茫的雪线之上。远观冰川壮阔而奇峻，雪峰与蓝天相连；近赏冰川晶莹剔透，冰瀑如银河倾泻而下。清冽的冷风呼啸而过，让你的内心在清冽的寒风中格外宁静，敬畏之心油然而生。

巍峨、气势磅礴的雪山，呈巨型金字塔状，当阳光越过连绵群山，万丈金光从天而降，形成极为壮观的"日照金山"奇景。萦绕在雪山周围的云，为它增添了另一种柔和之美。雪山之下往往还伴有湖泊、山花，山与水中的倒影使天地融为一体，缤纷的山花在雪山的映衬下更为鲜活。晴朗的夜晚，还能欣赏到"日月同辉"奇观，星光如同碎钻镶嵌在夜空，雪山在静谧中更显得神圣。请观赏视频"冰川雪山"。

1. 米堆冰川

位于西藏东南林芝地区的米堆冰川，被誉为中国最美的六大冰川之一。在这里，千年冰川、宁静湖泊、茂密森林、古朴村庄、充满生机的农田和牧场，构成了一幅和谐安静的画面，在阳光和云雾的怀抱中，仿佛世外桃源。

纯净冰川

皑皑雪山

视频"冰川雪山"

古朴村落

湖畔冰川

千年冰川

2. 绒布冰川

珠穆朗玛峰国家级自然保护区内最大的一个冰川——绒布冰川，是世界上发育最充分、保存最完好的独特山谷冰川。千姿百态的冰塔林突兀而立，冰锥形似一柄柄利剑直插苍穹，又似一群群动物形态万千，其间更有幽深的冰洞、曲折的冰河，奇特壮观，置身其中，恍若走进一座晶莹圣洁的冰雪"宫殿"。

冰雪"宫殿"

千年冰柱

凝固冰河

3. 珠穆朗玛峰

终年覆盖冰雪的珠穆朗玛峰上，一座座冰峰如倚天的宝剑，一条条冰川像蜿蜒的银蛇。珠穆朗玛峰山体呈现巨型金字塔状，威武雄壮昂首天外，在它周围20千米的范围内，有众多的高峰围绕，宛如众星捧月，形成了群峰来朝、峰头汹涌的壮阔场面。

雪山巅峰

冰雪世界

圣洁之路

4. 贡嘎雪山

贡嘎雪山被誉为"蜀山之王"，屹立在青藏高原与四川盆地之间的过渡地带上。千百年来，贡嘎雪山以肃穆的身姿俯瞰着整个高原，用磅礴的气势守护着这方神圣的土地。水天一镜，灵动隽美的圣湖；日月轮转，可窥浩瀚的垭口；群峰环抱，尽收眼底的山巅，一步一景，景景相连，"一山观四季，四季皆精彩"。

雪山倒影

星空之下

耸立秘境

※ 审美园地 2

尽管我们不能去亲自探访每一座雪山，但我们可以通过阅读书籍、运用网络技术手段、与朋友交流等方式，了解雪山并领略雪山的美。

活动主题： 寻找最美雪山

活动步骤：

（1）查阅世界上美丽雪山的相关资料，每小组选一个本组认为最美的雪山记录下来。

（2）借助导学表开展"寻找最美雪山"活动。

（3）各小组之间分享交流。

"寻找最美雪山"导学表

小组		小组长	
活动时间		活动形式	
最美雪山的名称			
最美雪山的简介			
最美雪山的链接			
活动收获			
自我评价	非常满意□ 满意□ 一般□ 不满意□		

备注： ①"活动形式"可以是查阅书籍、运用 AI 大模型学习、小组讨论、交流、参观、听讲座等。

②"最美雪山的链接"可以是图片，也可以是视频链接。如果是自己创作的作品，请标注好作者姓名，并注明创作时间、地点、主题等。

③请小组长组织小组成员共同开展自我评价，可以从活动的意义、活动参与度、活动的效果等方面进行评价。

◆ **审美活动 2　壮丽雄奇的高山峡谷**

巍峨高山

天然画廊

看到这组图片，你能联想到哪些有关美的词？

中国地大物博，名山众多，因为环境不同，地质构造不同，各地的山也就各具特色，"南秀、北幽、西雄、东壮"便是我国山脉所呈现出的特点。

湍急的水流为了冲破大地的束缚，逐渐切开山峦，而且越切越深，峡谷因此而形成。峭壁的静、河流的动，孕育出别具一格的自然生态美，展示出"雄、壮、奇、险、峻、幽、秘"的峡谷之美。请观赏视频"高山峡谷"。

视频"高山峡谷"

秀丽山峰

幽深峡谷

1. 泰山

"会当凌绝顶，一览众山小。"泰山自古以来就被尊为"岱宗"，为五岳之首，被古人视为"直通帝座"的天堂，成为百姓崇拜、帝王告祭的神山。登泰山，观泰山日出、云海玉盘、晚霞夕照、黄河金带；感受它的巍峨雄伟，赏古迹（岱庙、天门、石刻），遥望黄河，祈福国泰民安。

泰山日出

通天之路

夕照泰山

2. 黄山

　　"峰奇石奇松更奇，云飞水飞山亦飞。"奇松、怪石、云海、温泉是黄山不可错过的四大景色。形态奇特的松树或挺立于峰巅，或盘结于危岩；风化和雨雪的侵蚀自然雕刻出那些悬于山巅的奇石；千变万化的云海让山景忽隐忽现，变幻出山之奇秀；享誉千年的汤泉异常清澈，无色无臭，其味甘美，可饮可浴。

黄山奇松

青翠山峦

云绕群山

3. 长江三峡

"巫山夹青天，巴水流若兹。"长江三峡是长江上最为奇秀壮丽的山水画廊，以壮丽山河的天然胜景闻名中外。红叶、碧水、险峰的绝佳组合成就了美景。巫山红叶，仲秋五彩缤纷，晚秋层林尽染，初冬一片火红，美得独一无二，美得动人心魄。

凿空天堑

壮丽山河

山谷深涧

4. 黄河晋陕大峡谷

黄河在中华大地上绘制了一个"几"字，而晋陕大峡谷就在"几"字的右弯处。这段河岸拥有极富诗情画意的天然水蚀地貌，有的像密密麻麻的"天书"，有的像动物、植物、人形，有的像音乐符号，有的像蜿蜒曲折的"迷宫"，让人不禁感叹大自然的神奇。

蜿蜒黄河

壶口瀑布

天书迷宫

※ **审美园地 3**

你曾经登过哪些山峰，探访过哪些峡谷，也许它们并不十分著名，不一定那么雄奇壮丽，但它们一定有不同的美和趣味，回顾那些美好的画面，和大家一起分享。

活动主题：家乡的_____

活动步骤：

（1）回顾家乡的高山、峡谷，补充完整活动主题。

（2）借助导学表开展"家乡的_____"活动。

（3）各小组之间分享交流。

"家乡的_____"导学表

小组		小组长	
活动时间		活动形式	
美景			
趣事			
活动收获			
自我评价	非常满意□ 满意□ 一般□ 不满意□		

备注： ①"活动形式"可以是查阅书籍、运用 AI 大模型学习、小组讨论、交流、参观、听讲座等。

②"美景"可以是文字描述，可以是图片，也可以是视频链接。如果是自己拍摄或创作的作品，请标注好作者姓名，并注明创作时间、地点、主题等。

③请小组长组织小组成员共同开展自我评价，可以从活动的意义、活动参与度、活动的效果等方面进行评价。

◆ **审美活动 3　静谧秀丽的草原湖泊**

霞晕苍穹

湖光天色

看到这组图片，你能联想到哪些有关美的词？

"天苍苍，野茫茫，风吹草低见牛羊"，中国 960 万平方千米的土地上，超过 40% 的面积都被一类神奇的植物覆盖，那便是草。生长着草的大片土地，我们称为草原。草原上的蓝天、白云、碧草、牛羊、飞鸟、牧歌就是中国草原风光的代名词。

"水光潋滟晴方好，山色空蒙雨亦奇。"在中国这片土地上，有众多大大

绿草如茵

小小的湖泊，它们或狭长，或曲折，形态各异，千变万化。远远看去，似一块翡翠，闪烁着迷人光泽。宁静时，蓝天白云映衬湖面，像一幅水墨画卷；风动时，水波荡漾，粼粼波光交织出梦幻世界。请观赏视频"草原湖泊"。

视频"草原湖泊"

水天一色

1. 呼伦贝尔大草原

被赞为"北国碧玉，人间天堂"的呼伦贝尔大草原，是个风光优美、景色宜人的地方。春来，冰雪融化，整个草原仿佛一块绿色的地毯，春意盎然；夏临，生机盎然，蓝天白云之下，牛羊成群，牧歌飘扬，点点毡房，袅袅炊烟，一派动人景象；秋至，果蔬成熟，又到了丰收的季节，整个草原好似一幅美丽的金色油画；冬回，大雪纷飞，整个草原变成琼雕玉琢的银色世界。

牛羊成群

五彩草原

自在天地

2. 若尔盖草原

若尔盖草原风景秀丽，是一个令人身心放松的好地方。这片草原风景优美多变，黄河在这里轻柔地转出了一个弯，为这里增添了一条优雅夺目的丝带；平缓的地势，造就了一片湖泊，自然的造物主又种下了多彩的花朵，随风绽放出另一道美丽的风景；远处的山峦延绵起伏，使草原显得更加立体。

辽阔草场

草原晚霞

牧民生活

3. 察尔汗盐湖

"察尔汗"是蒙古语"盐泽"的意思，察尔汗盐湖是世界第二大、中国最大的盐湖。在察尔汗盐湖，绿色植物难以生长，却孕育了晶莹如玉、变化万千的神奇盐花，或形如珍珠、珊瑚，或状若亭台楼阁，或像飞禽走兽，一丛丛、一片片、一簇簇地立于盐湖中，把盐湖装点得美若仙境。

湖上盐路

翡翠盐湖

神奇盐花

4. 鄱阳湖

我国有大小湖泊24 800多个。位于江西的鄱阳湖是中国第一大淡水湖，这里景色幽静，空气清新，溶山水之灵气于一方，汇自然与人文为一体。夏秋丰水时节，烟波浩淼，气势磅礴；枯水期则显出片片水滩，农田蔓延，芦苇丛生。清晨，烟雾将它笼罩，天地连成一片；夜晚，微风拂过水面，点点涟漪与皎洁的月光辉映，更是如梦似幻。

飞鸟翔集

暮景金光

平静湖面

※ 审美园地 4

从小，我们就听过许多描述草原湖泊的动人歌谣，让我们徜徉其中，感受静谧而秀丽的美。

活动主题：动听的歌谣

活动步骤：

（1）网络搜索与草原湖泊相关的歌谣，小组成员一同欣赏，将感受到的美用恰当的词记录下来。

（2）借助导学表开展"动听的歌谣"活动。

（3）各小组之间分享交流。

"动听的歌谣"导学表

小组		小组长	
活动时间		活动形式	
歌谣名称			
歌谣简介			
歌谣链接			
活动收获			
自我评价	非常满意□　满意□　一般□　不满意□		

备注：①"活动形式"还可以有查阅书籍、运用 AI 大模型学习、小组讨论、交流、参加音乐会等。

②"歌谣链接"可以是小组自己录制的音频的链接或者是制作的音乐小视频的链接，请标注好演唱者、创作者姓名，并注明创作时间、地点、主题等。

③请小组长组织小组成员共同开展自我评价，可以从活动的意义、活动参与度、活动的效果等方面进行评价。

◆ **审美活动 4　浩瀚深邃的海洋岛屿**

宁静港湾

椰树夕照

看到这组图片，你能联想到哪些有关美的词？

海洋，浩瀚无边，深邃神秘，在阳光的照射下，折射出不同的美，时而如翡翠，时而如蓝色宝石。平静的海宛如深情的慈母，静候游子归家；波涛汹涌的海，犹如千军万马，直奔沙场。浪花是海上的奇景，像舞者，伴随着风的乐章，翩如兰苕翠，婉如游龙举。

我国是一个海洋大国，拥有漫长的海岸线和丰富的海岸带资源。广阔的海域中，还有着众多的岛屿。碧海蓝天、椰影白沙、长帆日落、珊瑚游鱼，无不彰显着大海的生机与活力。请观赏视频"海洋岛屿"。

视频"海洋岛屿"

惊涛骇浪

珊瑚游鱼

碧海蓝天

椰影白沙

1. 渤海

渤海，地处中国大陆东部北端，是一个接近封闭的内海。海域中的诸多岛屿仿佛散落的珍珠，其中较大的岛屿有南长山岛、砣矶岛、钦岛和皇城岛等，总称为庙岛群岛。彩色旅游慢道蜿蜒绵延、环岛岸线滩白水清、群山林木葱翠密集、碧海蓝天下的庙岛群岛姿态秀美，动人心弦。

海岸一瞥

海天一线

浪花朵朵

2. 黄海

历史上，黄河携带泥沙流入我国与朝鲜半岛之间的海域，将近岸的海水由蓝色染成了黄色，故而这片海域得名"黄海"。长山群岛就是黄海海域中最大的群岛。在长时间的海蚀之下，这里拥有深浅不同的海蚀洞，长短不一的海蚀桥，形状各异的海蚀柱，海蚀地貌为长山群岛增添了独有风光。

天然海桥

海中石柱

七窍玲珑

3. 东海

长江汇入的东海海域，美景无处不在，中国第一大群岛——舟山群岛就位于这里。这里有雄伟壮观的海岛、清澈见底的海水、五彩斑斓的海底生物。让我们漫步海滩，感受温暖湿润的海风，倾听浪涛拍打海岸的声音，享受沐浴阳光的惬意。

浪漫海滨

水天交映

4. 南海

位于中国大陆的南方，中国近海中面积最大、水最深的海区就是南海。西沙群岛就是散落在南海的美丽明珠。这里自古以来就是"海上丝路"的交通枢纽，是属于中国的隔世秘境，有着深蓝的大海、白色的细沙、红色的珊瑚礁。

海岛堤岸

流光溢彩

※ 审美园地 5

深邃浩瀚的大海总是给我们无尽的想象，碧海青天、椰影白沙、珊瑚游鱼……处处是看不完的美景，寻不完的宝藏。大家一起选一处最爱的美分享交流。

活动主题：最爱的_____

活动步骤：

（1）查阅我国美丽的海洋岛屿的相关资料，选一处最爱的海洋岛屿的美景或美物，确定美的主题（如珊瑚游鱼），补充完整活动主题。

（2）借助导学表开展"最爱的_____"活动。

（3）各小组之间分享交流。

"最爱的_____"导学表

小组		小组长	
活动时间		活动形式	
美的主题			
美景或美物简介			

续表

美的链接	
活动收获	
自我评价	非常满意☐　满意☐　一般☐　不满意☐

备注： ①"活动形式"可以是查阅书籍、运用 AI 大模型学习、小组讨论、交流、参观、听讲座等。

②"美的链接"可以是图片，也可以是视频链接。如果是自己创作的作品，请标注好作者姓名，并注明创作时间、地点、主题等。

③请小组长组织小组成员共同开展自我评价，可以从活动的意义、活动参与度、活动的效果等方面进行评价。

课后学习与拓展

★ 审美引导 4

自然赋予山肃穆和庄严，赋予水灵性和飘逸，赋予海宽容和神秘。自然孕育着美，滋养着生命，启迪着智慧。让我们行走于祖国山水之间，远离尘世的纷扰，使心灵得到洗涤，精神得到升华。

—— 美 物 推 荐 ——

1. 看一看介绍祖国大好河山的纪录片——《航拍中国》《美丽中国》《水下·你未见的中国》等。

2. 读一读描写祖国大好河山的古诗文：张若虚的《春江花月夜》，王维的《山居秋暝》《使至塞上》，杜牧的《山行》，白居易的《暮江吟》《钱塘湖春行》，杜甫的《望岳》，李白的《望天门山》，苏轼的《题西林壁》，王之涣的《登鹳雀楼》。

第二节　四季变化

审美描述

自然是万物生命之源，大千世界在发展变化中得以永恒。一年四季，春夏秋冬，寒来暑往，周而复始，随着季节的变换，万物在四季中呈现出不同的生机和活力。

课前学习与发现

★ 审美引导 1

请你读一读"审美描述"的内容，展开联想，和大家分享你记忆中最深刻的四季印象。

※ 审美园地 1

请欣赏视频"四季变化",用恰当的词语记录下你看到的、感受到的四季变化之美,与大家分享交流。

视频"四季变化"

课中学习与探索

★ 审美引导 2

四季交替,斗转星移,大自然在变化中演绎着世界的绮丽,春的生机盎然,夏的热情奔放,秋的多彩高华,冬的静谧旷达。读一读"审美提示"中的词,你能联想到哪些美的画面,将你的感受用美的语言和大家分享。

> **审美提示:**生机盎然、草长莺飞、润物无声、骄阳似火、绿荫如盖、婀娜多姿、皓月当空、层林尽染、泥金万点、橙黄橘绿、银装素裹、暗香疏影……

★ 审美引导 3

让我们一起参与生机盎然的春、热情奔放的夏、多彩高华的秋、静谧旷达的冬四个审美活动。通过阅读文字、欣赏图片、观看视频、应用现代信息技术手段查找相关资料等方法,一同去感受四季变化之美。通过"审美园地"的活动,进一步探索美、实践美、创造美。

◆ 审美活动 1 生机盎然的春

草木萌芽

枝头吐蕊

看到这组图片,你能联想到哪些有关美的词?

春天是轻盈飘逸的,杏花雨,杨柳风,悄无声息地孕育着千姿百态的生命,将无限生机带回世间。

"盼望着,盼望着,东风来了,春天的脚步近了。一切都像刚睡醒的样子,欣欣然张开了眼。山朗润起来了,水涨起来了,太阳的脸红起来了。"(朱自清《春》节选)请欣赏视频"春意盎然"。

春风拂柳

视频"春意盎然"

迎春花开

烂漫樱花

1. 万木生芽是今日

春天意味着风和日丽、鸟语花香，也意味着万物生长、春耕播种。

京中正月七日立春

唐 罗隐

一二三四五六七，万木生芽是今日。

远天归雁拂云飞，近水游鱼迸冰出。

初春吐芽

春回雁归

冰融鱼跃

幸福春耕

2. 沾衣欲湿杏花雨

俗话说"春雨贵如油"，细细绵绵的春雨，滋润了萌动的草木，唤醒了蛰伏的万物。

绝句·古木阴中系短篷

宋 志南

古木阴中系短篷，杖藜扶我过桥东。
沾衣欲湿杏花雨，吹面不寒杨柳风。

花团锦簇

春燕筑巢

娇艳杏花

杨柳清风

3. 桃红又是一年春

和煦春风拂面而来，不经意间，一瓣桃红便惊艳了整个春天，花光灼灼，明丽鲜妍，桃花四溢，生机盎然。

庆全庵桃花

宋 谢枋得

寻得桃源好避秦，桃红又是一年春。
花飞莫遣随流水，怕有渔郎来问津。

含苞待放

枝头争春

桃林深处

桃花随水

※ 审美园地 2

春天是一年中最美丽的季节之一，天气开始变暖，大地开始苏醒，万物开始生长。同时，春天也是一个能吃到美食的季节，许多美食从地下生长出来了，成为人们日常餐桌上的美味佳肴。

活动主题：舌尖上的春天

活动步骤：

（1）和伙伴一起交流春天的美食，选一道你喜欢的美食。

（2）借助导学表开展"舌尖上的春天"活动。

（3）完成美食的制作，同家人或伙伴一起分享。

"舌尖上的春天"导学表

小组		小组长	
活动时间		活动形式	
美食展示			
制作方法			
活动收获			
自我评价	非常满意□　满意□　一般□　不满意□		

备注：①"活动形式"还可以有查阅书籍、运用 AI 大模型学习、小组讨论、交流、听讲座等。

②"美食展示"可以是图片，也可以是视频链接。如果是自己创作的作品，请标注好作者姓名，并注明创作时间、地点、主题等。

③请小组长组织小组成员开展自我评价，可以从活动的意义、活动参与度、活动的效果等方面进行评价。

◆ 审美活动 2　热情奔放的夏

红色蜻蜓

荷花盛开

看到这组图片，你能联想到哪些有关美的词？

夏天是热情奔放的，是浮云来去的逍遥自在，是乘舟飘摇的云水过往，于酷夏中守一方宁静，慵懒而又绚丽。炎炎夏日，放飞童年的纸飞机，追逐那只红色的蜻蜓；爬上茂密的榕树，听一听那鸟叫蝉鸣，尝一颗酸甜多汁的杨梅，赏一塘映日荷花，仰望繁星璀璨的夜空。夏季独特的美好尽收心底。

"夏天的花里最为幽静的是珠兰。牵牛花短命，早晨沾露才开，午时即已萎谢。秋葵也命薄，瓣淡黄，白心，心外有紫晕。风吹薄瓣，楚楚可怜。凤仙花有单瓣者，有重瓣者。重瓣者如小牡丹，凤仙花茎粗肥，湖南人用以腌'臭咸菜'，此吾乡所未有。马齿苋、狗尾巴草、益母草，都长得非常旺盛。淡竹叶开浅蓝色小花，如小蝴蝶，很好看。叶片微似竹叶而较柔软。"（汪曾祺《夏天》节选）请欣赏视频"夏日炎炎"。

林中美景

视频"夏日炎炎"

风姿绰约

盛夏星空

1. 竹深树密虫鸣处

悠悠的夏日，被燥热的天气悄无声息地拉长。在自由天地中，大自然的精灵们大显身手，白天的树林是蝉的世界，夜晚的原野是蛙的舞台。

夏夜追凉
宋　杨万里

夜热依然午热同，开门小立月明中。
竹深树密虫鸣处，时有微凉不是风。

夏日鸣蝉

小荷尖尖

绿荷蛙鸣

映日荷花

2. 炎炎火树照千山

微醺的南风带着热气吹过，酸甜多汁的杨梅成熟了，照亮了初夏的五月天。滟滟莓果，如红绡剪碎，撒满绿叶间的红绣球，又如红宝石，堆满玉盘散发出阵阵香甜。

城西杨梅

宋　陈允平

炎炎火树照千山，南客应同荔子看。

金谷人游红步障，玉房仙炼紫华丹。

猩唇泣露珊瑚软，鹤顶迎风玛瑙寒。

若使汉宫知此味，又添飞驿上长安。

酸甜多汁

枝头绛红

硕果累累

果香四溢

3. 映日荷花别样红

夏天的雨轻拍水面，泛起阵阵涟漪，亭亭玉立的荷花娇艳含羞，散发出沁人清香，清纯典雅而又妖媚迷人。

晓出净慈寺送林子方

宋　杨万里

毕竟西湖六月中，风光不与四时同。

接天莲叶无穷碧，映日荷花别样红。

荷影摇曳

亭亭玉立

荷风轻拂

一枝独秀

※ 审美园地 3

夏天是活力四射和激情满满的季节。夏日里蛙声蝉鸣，草长莺飞，绿肥红瘦，云卷云舒，它不仅仅是火热的，更是充满期待的。这时，万物进入生长的旺季，人们也开始了各种适合炎炎夏日的民俗活动。

活动主题：夏日民俗

活动步骤：

（1）想一想夏季有趣的事，挑一个让你印象深刻的民俗活动。

（2）借助导学表开展"夏日民俗"活动。

（3）分享你们的夏日民俗记忆。

"夏日民俗"导学表

小组		小组长	
活动时间		活动形式	
民俗介绍			
民俗记忆			
活动收获			
自我评价	非常满意□　　满意□　　一般□　　不满意□		

备注：①"活动形式"可以是查阅书籍、运用 AI 大模型学习、小组讨论、交流、参观、听讲座等。
　　　②"民俗记忆"可以是图片，也可以是视频链接。如果是自己创作的作品，请标注好作者姓名，并注明创作时间、地点、主题等。
　　　③请小组长组织小组成员共同开展自我评价，可以从活动的意义、活动参与度、活动的效果等方面进行评价。

◆ **审美活动 3　多彩高华的秋**

层林尽染

万顷良田

看到这组图片，你能联想到哪些有关美的词？

秋天是明媚浪漫的。秋风拂过，层林尽染，静谧纷美，宛如一幅厚重的油画，再多的颜色也不嫌多。

"早晨起来，泡一碗浓茶，向院子一坐，你也能看得到很高很高的碧绿的天色，听得到青天下驯鸽的飞声。从槐树叶底，朝东细数着一丝一丝漏下来的日光，或在破壁腰中，静对着像喇叭似的牵牛花（朝荣）的蓝朵，自然而然地也能够感觉到十分的秋意。"（郁达夫《故都的秋》节选）请欣赏视频"秋日美景"。

视频"秋日美景"

桂满枝头

牵牛花开

金秋满园

1. 湖光秋月两相和

秋月微微凉，一轮皎月镶嵌夜空。柔和的月光映照着湖面，湖面反射的光影与月光相互交融在一起，宛若人间仙境。

望洞庭

唐 刘禹锡

湖光秋月两相和，潭面无风镜未磨。

遥望洞庭山水翠，白银盘里一青螺。

泛舟湖面

湖光暮彩

湖岸秋色

洞庭秋景

2. 碧树萧萧凉气回

秋意阵阵，随风而来，轻抚过转红的枫叶，轻吻过金黄的银杏，与落叶翩翩起舞。

立秋

宋 释道璨

碧树萧萧凉气回，一年怀抱此时开。

槿花篱下占秋事，早有牵牛上竹来。

落叶知秋

芦苇丛中

红枫飞瀑

金叶秋光

3. 更将金蕊泛流霞

时常多雨而少风的秋季，百花逐渐凋落，唯有高雅淡洁的菊花袅袅婷婷地绽放，仙风道骨，气韵翩然。

赵昌寒菊

宋 苏轼

轻肌弱骨散幽葩，更将金蕊泛流霞。

欲知却老延龄药，百草摧时始起花。

千姿百态

明日黄花

妩媚动人

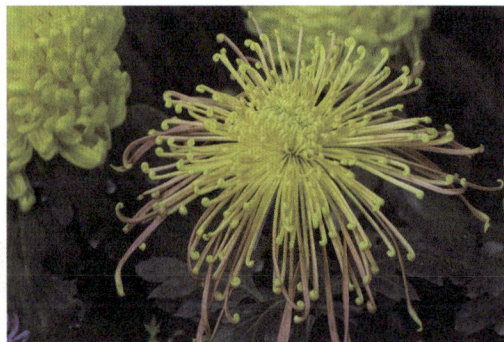

仙风道骨

※ 审美园地 4

秋天是多变的。它是收获，金秋季节收获成果，成熟丰硕，让人心满意足；它是思念，丹桂飘香，花好月圆，浓浓亲情牵动游子心；它是感伤，万物从繁华到萧疏，慢慢地褪去颜色，暂时收好热烈奔放的激情。

活动主题：秋天的旋律

活动步骤：

（1）请你静静感受秋的多彩，寻找与秋天相关的动听音乐，大家一起欣赏。

（2）借助导学表开展"秋天的旋律"活动。

（3）将找到的秋季最美旋律与大家分享。

"秋天的旋律"导学表

小组		小组长	
活动时间		活动形式	
旋律名称			
表达的主题			
美的感受			
活动收获			
自我评价		非常满意□　满意□　一般□　不满意□	

备注：①"活动形式"可以是查阅书籍、运用 AI 大模型学习、小组讨论、交流等。

②请小组长组织小组成员共同开展自我评价，可以从活动的意义、活动参与度、活动的效果等方面进行评价。

◆ **审美活动 4　静谧旷达的冬**

银装素裹

紫禁雪韵

看到这组图片，你能联想到哪些有关美的词？

冬天是纯洁晶莹的，天地之间一片银装素裹，又传来幽幽暗香。在白雪皑皑的梦境中，我们怀揣着无限的遐想，期待接下来的春天。

"最妙的是下点小雪呀。看吧，山上的矮松越发的青黑，树尖上顶着一髻儿白花，好像日本看护妇。山尖全白了，给蓝天镶上一道银边。山坡上，有的地方雪厚点，有的地方草色还露着；这样，一道儿白，一道儿暗黄，给山们穿上一件带水纹的花衣；看着

济南冬日

泉畔冬韵

雪中奔驰

视频"冬日雪景"

看着，这件花衣好像被风儿吹动，叫你希望看见一点更美的山的肌肤。等到快日落的时候，微黄的阳光斜射在山腰上，那点儿薄雪好像忽然害了羞，微微露出点儿粉色。就是下小雪吧，济南是受不住大雪的，那些小山太秀气！"（老舍《济南的冬天》节选）请欣赏视频"冬日雪景"。

1. 一片飞来一片寒

雪，是冬天特有的馈赠。她是诗意的舞者，轻柔如薄纱，翩跹若蝴蝶，飘飘洒洒，纯净无瑕，静美如诗。

小雪

唐 戴叔伦

花雪随风不厌看，更多还肯失林峦。

愁人正在书窗下，一片飞来一片寒。

霜凝冰花

庭院冬色

飞雪漫天

天地茫茫

2. 瑞树开花冷不香

雾凇非冰非雪，晶莹闪烁，清秀雅致，在银装素裹的世界中孕育出纯洁和壮丽。它是雾的化身，水的精灵。

咏雾凇

明 杨慎

怪得天鸡误晓光，青腰玉女试银妆。

琼敷缀叶齐如剪，瑞树开花冷不香。

月白讵迷三里雾，云黄先兆万家箱。

贫儿饭瓮歌声好，六出何须贺谢庄。

玉树银花

雪山云海

瑞树琼枝

冰天雪地

3. 山意冲寒欲放梅

千里冰封的冬天，百花凋谢，唯有梅花傲然挺立在凛冽的寒风中，送来似有似无的幽香，悠远飘渺，回味悠长。

小至

唐 杜甫

天时人事日相催，冬至阳生春又来。

刺绣五纹添弱线，吹葭六琯动浮灰。

岸容待腊将舒柳，山意冲寒欲放梅。

云物不殊乡国异，教儿且覆掌中杯。

无畏冰雪

冷香不寒

傲雪绽放

枝头争俏

※ 审美园地5

冬天是纯粹的，凛冽的寒风带走了大自然其他的色彩；冬天是慷慨的，包容了过往的甘苦；冬天是含蓄的，孕育了来年的希望。这个季节，更属于热爱生命的人，他们将意志、勇气和毅力淋漓尽致地展现在冬季的运动之中。

活动主题：冬季＿＿＿＿＿＿运动

活动步骤：

（1）你知道哪些冬季运动，选一项你感兴趣的，补充完整活动主题。

（2）借助导学表开展"冬季＿＿＿＿＿＿运动"活动。

（3）各小组之间分享交流。

"冬季＿＿＿＿＿＿运动"导学表

小组		小组长	
活动时间		活动形式	
运动名称及简介			
运动中的美			
美的感受			
自我评价	非常满意□ 满意□ 一般□ 不满意□		

备注：①"活动形式"可以是查阅书籍、运用AI大模型学习、小组讨论、交流、亲自参与、观看电视等。

②"运动中的美"可以是图片，也可以是视频链接。如果是自己创作的作品，请标注好作者姓名，并注明创作时间、地点、主题等。

③ "美的感受"可以是文字，也可以是音频链接或者视频链接。

④ 请小组长组织小组成员共同开展自我评价，可以从活动的意义、活动参与度、活动的效果等方面进行评价。

课后学习与拓展

★ 审美引导 4

春的盎然，夏的热情，秋的神韵，冬的静谧，四季流转，更迭出绚丽多彩的世界，勾勒出俨然不同的意蕴。愿你能静下心来，将身心融入自然怀抱，感受四季变迁、斗转星移的美。

──● 美 物 推 荐 ●──

1. 看一看介绍中国节气的纪录片——《节气：四季的交响》《四季中国》《最美中国 四季如歌》等。

2. 读一读描写四季景色的古诗文：陆游的《木兰花·立春日作》，朱熹的《春日》，杜牧的《清明》《初冬夜饮》，王维的《积雨辋川庄作》《早秋山中作》，齐己的《城中晚夏思山》，杜甫的《秋兴八首·其七》，白居易的《村夜》，杜耒的《寒夜》。

| 第三节　生命奇迹 |

审美描述

"在天地，则气化流行，生生不息。"自然在不断变化中繁衍，生命在延续中尽显特有的风采。万千世界向我们展现着的生命的力量，顽强与和谐，塑造出难以想象的生命奇迹。

课前学习与发现

★ 审美引导 1

请你读一读"审美描述"的内容，展开联想，和大家分享你曾感受到的生命奇迹。

※ 审美园地 1

请欣赏视频"生命之美"，记录下你感受到的生命之美，与大家交流。

视频"生命之美"

课中学习与探索

★ 审美引导 2

自然孕育万物，万物在不同的环境中以不同的方式生长繁衍，但它们无一例外地都在默默彰显着生命的力量。生命不论大小都是大自然最神奇的馈赠，只要有生命存在的地方，就会有奇迹的诞生。读一读"审美提示"中的词，你能联想到哪些美的画面，将你的感受用美的语言和大家分享。

> **审美提示：** 势不可挡、变化多姿、不可小觑、脱胎换骨、顽强适应、多样改变、自然法则、爱与奉献……

★ 审美引导 3

让我们一起参与生生不息、顽强坚韧、和谐共生三个审美活动。通过阅读文字、欣赏图片、观看视频、应用现代信息技术手段查找相关知识等方法，一同去感受生命的奇迹。通过"审美园地"活动，进一步探索美、实践美、创造美。

◆ 审美活动 1　生生不息

随风飘舞

成群结队

看到这组图片，你能联想到哪些有关美的词？

万物在自然的怀抱中孕育、生长、繁衍。每一个生命都如同一颗闪亮的星星，在生命的长河里，绽放着不同的光芒，生生不息，周而复始，新旧更迭。

万物存在于世间，受到一定的约束，有其固定的形态，而想要获得重生，演奏出生命更精彩的乐章，唯有不断克服艰难、破除束缚、突破极限、战胜自我，使自己在超越中重生。

万年桫椤

生死较量

1. 绵延不绝

人类赖以生存的地球已经存在了数十亿年，这颗蔚蓝色的星球从不寂寞，孕育了数以亿计的生命。在流淌的时间长河里，生命选择了适应和超越，一代代地传承下来，直至今日。

熊猫在地球上已经生存了800多万年。在地球漫长的变迁中，熊猫随着自然的变化而改变自己，成为为数不多的动物活化石。熊猫身体胖软，头圆颈粗，耳小尾短，四肢粗壮，经典的黑白色毛，永远的黑眼圈，让人看了忍俊不禁。

可爱笑容

憨态可掬

温馨时光

呆萌可爱

早在一亿多年前的中生代白垩纪及新生代，一种古老的植物就出现了。因为可以生长在浅水中，后来被称为水杉。水杉树干笔直挺拔，在蓝天白云的映衬下，气宇轩昂，直耸云端，让人感受到一种古朴的美。

秀丽挺拔

叶落归根

威严古朴

直耸云端

2. 超越蜕变

超越就是尽最大的努力，挑战最大的限度。在挑战与超越之时，将展现出惊世骇俗的美。蜕变则是更进一步的超越，打破束缚自身的枷锁，用尽全力拥抱一个崭新的生活，迎接下一个挑战，才能展现出生命不可遏制的魅力。

奔跑中的豹，展现出其矫健的身姿，传达着一种与速度有关的美感。翱翔的雄鹰，展现出征服长天的魅力。而小小的蚂蚁，外观很不起眼，却有着惊世骇俗的生命张力，它可以举起自身重量 52 倍的物体，就连动物界的举重顶流也望尘莫及。

勤劳肯干

众志成城

不言放弃

团结一心

贪吃的丑陋毛虫吐丝成茧，悬挂隐蔽之处，等待时机。当一切条件成熟的时候，一只美丽的花蝴蝶穿破外壳，终于与和煦的阳光、美丽的世界见面了，只需要数小时，它就可以翩翩起舞，自由地穿行在树丛花间了。

吐丝作茧

破茧而出

羽化成蝶

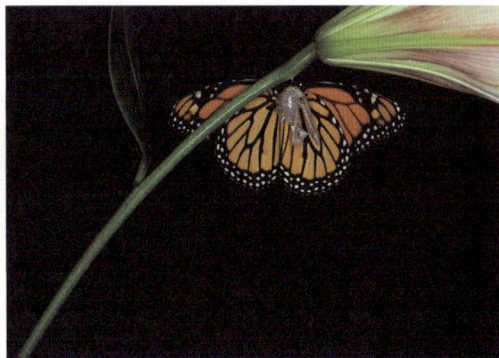

展翅欲飞

※ 审美园地 2

在自然界中有一群特殊的生物，被称为活化石。它们在漫长的岁月变迁中生存了下来，因此更需要得到自然的呵护和人类的保护，让它们的种群得以延续，让自然生态得以平衡。

活动主题： 保护活化石

活动步骤：

（1）通过查阅资料，向专业人士请教，与大家一起交流，了解目前我国现存的"活化石"，选一个最感兴趣的进行研究。

（2）借助导学表开展"保护'活化石'"活动。

（3）各小组之间分享交流。

"保护'活化石'"导学表

小组		小组长	
活动时间		活动形式	
"活化石"简介			
美的链接			
如何保护它们			
活动收获			
自我评价	非常满意□　满意□　一般□　不满意□		

备注：①"活动形式"还可以有运用 AI 大模型学习、小组讨论、交流、向专业人士请教、听讲座等。
②"美的链接"可以是图片，也可以是视频链接，如果是自己创作的作品，请标注好作者姓名，并注明创作时间、地点、主题等。
③请小组长组织小组成员共同开展自我评价，可以从活动的意义、活动参与度、活动的效果等方面进行评价。

◆ **审美活动 2　顽强坚韧**

雪中精灵

不朽胡杨

看到这组图片，你能联想到哪些有关美的词？

　　生命的存续需要有一定的条件，如土壤、温度、水分、养料等。不是所有的环境都适宜生命的存续，物竞天择，唯有适应，才能绽放出更美的生命之花。

　　生命以其百折不挠的风骨、百转千回的韧性见证过沧海桑田的变换，经历过春夏秋冬的轮回，感受过日升月落的时光，依旧绽放出不灭的光芒。

1. 适者生存

视频"极限环境下的生命"

　　苍茫的雪原，气候奇寒，终年积雪不化。可是在这里的悬崖陡壁之上、冰渍岩缝之中，却能找到傲霜斗雪、顽强生长的天山雪莲，傲然风雪的动物。一望无际的沙漠，蓝天、白云、黄沙，伴着凛冽的风，这里淘汰了许多生物，也拒绝了许多生物，但仍然有在逆境中奉献出一片暖色的胡杨、温驯可靠的骆驼。请欣赏视频"极限环境下的生命"。

千变万化

神圣雪莲

冰雪绒花

雪中王者

铮铮铁骨

沙漠驼铃

2. 百折不屈

生命总在努力地适应自己所处的生存环境，就算被不定的风带到天涯海角，当生命的种籽找不到泥土，也会将最后一丝生的希望寄托到一线石缝里面。于是，大自然出现了惊人的奇迹，不毛的石缝间生出倔强的生命。请欣赏视频"顽强之美"。

视频"顽强之美"

迎客奇松

冲破束缚

仁立山巅

顽强生命

※ 审美园地 3

生命在平凡与伟大中展现着惊人的力量，让我们放缓生活的脚步，静静地观察，发现那些"石缝间的生命"，感悟生命的坚韧与顽强。

活动主题：感悟生命的坚韧

活动步骤：

（1）寻找身边坚韧顽强的生命，倾听有关坚韧顽强的故事。

（2）借助导学表开展"感悟生命的坚韧"活动。

（3）将感悟与伙伴进行交流。

"感悟生命的坚韧"导学表

小组		小组长	
活动时间		活动形式	
坚韧的生命			
感受与感动			
活动收获			
自我评价	非常满意□　满意□　一般□　不满意□		

备注：①"活动形式"可以是查阅书籍、运用 AI 大模型学习、小组讨论、交流、走访、观察等。

②"坚韧的生命"可以是图片、文字，也可以是视频链接。如果是自己创作的作品，请标注好作者姓名，并注明创作时间、地点、主题等。

③请小组长组织小组成员共同开展自我评价，可以从活动的意义、活动参与度、活动的效果等方面进行评价。

◆ **审美活动 3　和谐之美**

母子情深

蜜蜂采蜜

看到这组图片，你能联想到哪些有关美的词？

　　自然的生存法则，既有弱肉强食，也有相互合作、相互关爱。各种各样的生物与其周围环境构成综合体，彼此制约又相互依赖，形成一种和谐之美。

　　生命在接受大自然馈赠的同时，也在奉献着自身的价值，所有的生命体构成了完整的生物链条，都是不可或缺的一环，所有的生命体、生态因子相互关联于生态过程中，在馈赠与延续中，形成了多姿多彩的大自然。请欣赏视频"和谐自然"。

视频"和谐自然"

和谐共处

落红春泥

1. 互助友爱

　　在我们的地球上，生存着千万种形状各异的动物，它们之间存在着各种奇妙的关系。有的动物要捕食其他动物；有的动物能友好相处，相得益彰，甚至共栖生活，生死与共，永不分离，如犀牛和犀牛鸟、海葵和小丑鱼、鳄鱼和燕千鸟，不同物种间的友爱互助让我们动容。

寄居蟹和海葵

啄木鸟和树

犀牛与犀牛鸟

枪虾和虾虎鱼

2. 馈赠延续

生物都有自己的族群，各自以不同的方式繁衍抚育下一代，使族群不断地壮大延续。花开花落，缘起缘灭，个体终会走向尽头，新的生命也必将诞生。

叶落归根，鲸落海底，生命是一场浪漫的轮回。繁花开尽，绚烂一时之后，悄然飘落，又融入土地之中，期待下一场花开。庞大的鲸，在它生命的尽头选择一片合适的海域，慢慢沉入海底，经过上百年的时间，将自己的尸体变成海洋中的一座绿洲，在不见天日的深海，形成一套完整的生态体系。

生死传承

落花成泥

相依相偎

鲸落万物生

※ 审美园地 4

生物多样性使地球充满生机，也是人类生存和发展的基础，是地球生命共同体的血脉和根基。寻求人与自然的和谐共生，就是在呵护人类赖以生存的家园。

活动主题： 和谐共生

活动步骤：

（1）读一读下面的文字，理解文字的意义，查一查还有哪些类似的古语。

"人法地，地法天，天法道，道法自然。"——老子

"子钓而不纲，弋不射宿。"——孔子

（2）查阅相关资料，借助"和谐共生"导学表，谈一谈你对"和谐共生"的理解。

（3）各小组之间分享交流。

"和谐共生"导学表

小组		小组长	
活动时间		活动形式	
和谐共生的名言			
我们的感悟			
启发与收获			
自我评价	非常满意□ 满意□ 一般□ 不满意□		

备注：①"活动形式"还可以有查阅数据、运用 AI 大模型学习、讨论交流等。

②引用或摘抄的名言，需要标明出处。

③感悟可另附页。

④请小组长组织小组成员共同开展自我评价，可以从活动的意义、活动参与度、活动的效果等方面进行评价。

课后学习与拓展

★ 审美引导 4

"大地负载万物，海洋容纳百川，滴水击透磐石……"万千世界向我们展现着强大的力量，世界的每个角落都充满了生命的奇迹。投入大自然的怀抱，用心感受，每时每

刻都可以感受到生命带来的启迪：或柔或刚的力量带来的变化，逆境中倔强不屈的生存，多样生物的共生延续。

以自然之道，养万物之生，要怀对自然的敬畏，尊重自然、顺应自然、保护自然，构建人与自然和谐共生的地球家园。这就是人类作为万物之灵对生命共同体的使命和担当。

—• 美 物 推 荐 •—

1. 看一看介绍生物多样性的纪录片——《地球家园》《生态秘境》《万物之生》等。

2. 读一读表达人与自然和谐相处的诗词：王维的《山居秋暝》《鸟鸣涧》、张志和的《渔歌子》、刘长卿的《送灵澈上人》、柳宗元的《江雪》、曾几的《三衢道中》、苏轼的《惠崇〈春江晚景〉》、刘禹锡的《秋词》、范成大的《四时田园杂兴》、岑参的《白雪歌送武判官归京》等。

第三章

沁润艺术之美

在人类与自然漫长的相处过程中，人类从自然中获取灵感，结合生活中的体验，逐渐产生了艺术；艺术滋养着人类的精神世界，也帮助人类探索自然，传递思想与情感。

学习目标

1. 认识不同的艺术形式之美。

2. 学会欣赏不同艺术形式的美。

3. 养成文明观影、观展的礼仪。

4. 形成积极健康的艺术审美情操，丰富想象力。

第一节 造型艺术

审美描述

　　一万多年前，尚在蒙昧时期的古人就开始用红、黑、黄等原始颜料在他们周围的岩壁上进行最古老的艺术创作，那些线条简洁但充满生机的动物绘画形象将古人追逐猎物的瞬间保存了数万年。绘画、建筑、雕刻等造型艺术记录着人类文明的发展、变迁、壮大，见证了人类社会的变迁。

课前学习与发现

★ 审美引导 1

　　请你读一读"审美描述"的内容，展开联想，和大家分享你喜欢的造型艺术，谈一谈它的美。

※ 审美园地 1

　　请欣赏视频"造型艺术之美"，将你最喜欢的造型艺术作品记录下来，与大家交流。

视频"造型艺术之美"

课中学习与探索

★ 审美引导 2

　　造型艺术塑造了丰富的生活体验，是人类情感与智慧的结晶。纸、木、石等普通的材料经艺术家之手被赋予灵气，记录了人类历史的进程，为人提供了丰富的审美体验。欣赏造型艺术之美，我们可以将整体感受与细节欣赏相结合，将感官体验与联想想象相结合，将艺术体验与生活经历相结合。读一读"审美提示"中的词，你能联想到哪些美的画面，将你的感受用美的语言和大家分享。

> 审美提示：结构、线条、色彩、比例、空间、质感、对称、层次丰富、虚实相生、栩栩如生、形神兼备、精妙绝伦、精雕细刻……

★ 审美引导 3

　　让我们一同参与绘画之美、建筑之美、雕刻之美三个审美活动，通过阅读文字、欣赏图片、观看视频、应用现代信息技术手段查找相关资料等方法，一同去感受造型艺术带给我们的美和感动。通过"审美园地"活动，进一步探索美、实践美、创造美。

◆ **审美活动 1　绘画之美**

《清明上河图》（局部）　宋　张择端　现藏于北京故宫博物院

《蒙娜丽莎的微笑》　意大利　列奥纳
多·达·芬奇　现藏于法国卢浮宫博物馆

《鹣鸽梅竹》　明　仇英　现藏于上海博物馆

《星月夜》　荷兰　文森特·梵高　现藏于纽约现代艺术博物馆

看到这组图片，你能联想到哪些有关美的词？四幅画的美有什么不同之处？

　　"以形写神，虚实相生，留白造境，气韵生动，诗书画印……"在悠久的历史变迁中逐渐形成的中国画的特点和民族风格，体现了中国人对自然和社会的认识。

受西方文化背景和社会发展的影响，西方的绘画艺术强调物体的准确再现，以写实为主，通过透视、解剖和色彩的运用，真切地展现社会风貌和艺术家的情感。请观赏视频"绘画艺术之美"。

视频"绘画艺术之美"

1. 中国绘画

中国的绘画历史可以溯源到原始社会的新石器时代。最初的中国画呈现在岩壁、彩陶上，又逐渐发展到画在墙壁、墓壁、绢和纸上。中国画使用的基本工具是毛笔和墨，以及天然矿物质颜料。中国绘画常以卷轴的形式呈现，徐徐展开卷轴，人物风华、秀美山川、灵动花鸟，在空间的缩放与延展中，亦动亦静，充满东方神韵。

中国的人物画，出现时间较山水画、花鸟画等更早，魏晋南北朝时期发展最为迅速。人物画力求将人物个性刻画得逼真传神、气韵生动、形神兼备。其传神之法，常把对人物性格的表现，寓于环境、气氛、身段和动态的渲染之中。东晋杰出画家、绘画理论家、诗人顾恺之提出了"迁想妙得、以形写神"的绘画论点，为中国传统绘画的发展奠定了基础。

《韩熙载夜宴图》（宋摹本）　现藏于北京故宫博物院

《泼墨仙人图》　宋　梁楷
现藏于"台北故宫博物院"

中国人历来追求"天人合一"的境界，寄情于山水之间，感受其中的自在逍遥。山水画是由风景到作品，从创作到欣赏，引人入胜，移情于景。在画家的引导下，观者置身于山水间，体察山水之美，怡情冶性。

《富春山居图》 元 黄公望 现藏于浙江省博物馆

《千里江山图》 宋 王希孟 现藏于北京故宫博物院

中国花鸟画集中体现了人与自然生物的审美关系，是以花、鸟、虫、鱼、兽等动植物形象为描绘对象的一种绘画，具有较强的抒情性。

《雪梅双鹤图》 明 边景昭 现藏于广东博物馆　　《虾》 近现代 齐白石

2. 西方绘画

西方绘画更注重写实，通过透视、明暗，表现事物的立体效果，作品质感和空间感更强。

《西罗马皇帝查士丁尼一世与侍从》（镶嵌画） 意大利 现存于意大利圣维塔莱教堂

《西罗马皇后狄奥多拉与侍从》（镶嵌画）　意大利　现存于意大利圣维塔莱教堂

　　早期的西方绘画受到古埃及、古西亚文化的影响，多为教会服务，内容多表现宗教人物和故事，多作为教堂的装饰，多是宣传宗教的壁画。这一时期的绘画，画家特别注重人物的真实、画面的生动逼真，表现出一种神圣的肃穆，突出宗教的威仪。

　　文艺复兴时期，倡导以重视人的价值为核心的人文主义。美术家们一方面从希腊、罗马的古典艺术中吸取营养；另一方面通过实践和探索，发明了透视法，使作品更具有真实感，风格典雅、秀美、细腻动人。

　　巴洛克和洛可可是17—18世纪流行于欧洲的两种艺术风格，都属于贵族艺术。巴洛克风格追求繁复夸张、富丽堂皇、气势恢宏；洛可可风格轻快、秀气、纤细典雅。

《西斯廷圣母》　意大利　拉斐尔·桑西
现藏于德国德累斯顿茨温格博物馆

《三博士朝圣》　意大利　桑德罗·波提切利
现藏于意大利佛罗伦萨乌菲兹美术馆

《圣母升天》 德国 彼得·保罗·鲁本斯 现藏于比利时安特卫普圣母主教座堂

《圣马太蒙召》 意大利 米开朗基罗·梅里西·达·卡拉瓦乔 现藏于意大利国家博物馆

19世纪的艺术家们突破浪漫主义幻想，转而对现实作客观的认识。艺术家们赞美自然，歌颂劳动，以现实的、具体的、变化中的人的精神世界及生活遭遇为描写对象，从人与周围环境的关系中探讨人生底蕴，进行真实的审美反映。发展出了以追求光影变化、描绘真实生活的划时代艺术流派——印象派。印象派脱离了以往艺术形式对历史和宗教的依赖，将焦点转移到纯粹的视觉感受形式上，着重于描绘自然的霎那景象，强调人对外界物体的光和影的感觉和印象。

《拾穗者》 法国 让·弗朗索瓦·米勒 现藏于巴黎奥塞美术馆

《日出·印象》 法国 克劳德·莫奈 现藏于巴黎马尔莫丹艺术馆

20 世纪的欧洲先后经历了两次世界大战，战争与科技共同推动着绘画艺术的发展，各种艺术流派和艺术思潮涌现而出。现代科技的发展为艺术的表现手法提供了更大的空间，艺术活动渗透了人类文化生活的各个领域，表达了人们的真实情感。

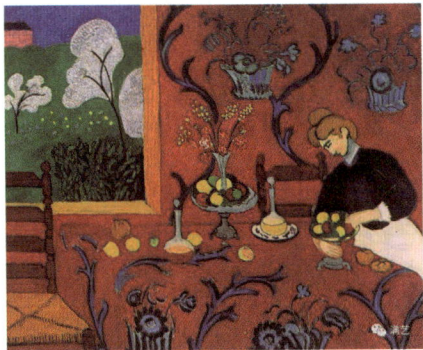

《红色的和谐》　法国　亨利·马蒂斯
现藏于俄罗斯圣彼得堡艾尔米塔日博物馆

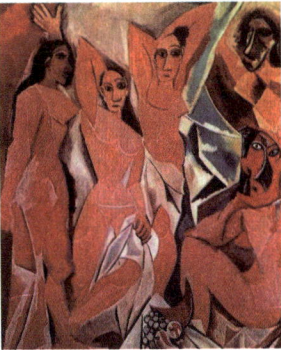

《亚威农少女》　西班牙
巴勃罗·鲁伊斯·毕加索
现藏于纽约现代艺术博物馆

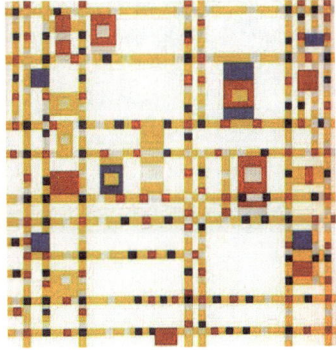

《百老汇爵士乐》　荷兰
皮特·蒙德里安

※ 审美园地 2

绘画语言中的形、光、色、结构等要素都是具有审美感染力的表象符号，不同艺术家运用它们的方式不同，就产生出具有个性的艺术作品。与朋友们相约去美术馆、艺术展，感受绘画艺术的魅力，亦可尝试创作一幅美术作品。

活动主题： 寻找绘画之美

活动步骤：

（1）利用身边的美术馆、艺术展等资源，去领略绘画之美，并挑选一幅最喜欢的画作，尝试从不同角度欣赏和介绍它的美。

（2）了解画作所在的博物馆或美术馆，并知晓文明观展的相关要求。

（3）借助导学表开展"寻找绘画之美"活动。

（4）各小组之间分享交流。

"寻找绘画之美"导学表

小组		小组长	
活动时间		活动形式	
画作名称			
绘画信息			
美的链接			
美的感受			
博物馆（或美术馆）及观展要求			
活动收获			
自我评价	非常满意□　满意□　一般□　不满意□		

备注： ①"活动形式"还可以有查阅书籍、运用 AI 大模型学习、小组讨论、交流、参观、听讲座等。

②"美的链接"可以是图片，也可以是网络链接，如果是自己创作的作品，请标注好作者姓名，并注明创作时间、地点、主题等。

③请小组长组织小组成员共同进行评价，从活动的意义、活动参与度、活动的效果等方面进行评价。

◆ 审美活动 2　建筑之美

北京　故宫

法国　卢浮宫

看到这组图片，你能联想到哪些有关美的词？图中建筑的美有什么不同？

视频"中西建筑之美"

请观赏视频"中西建筑之美"。

中国传统建筑之美凝聚着中国人的智慧，展现着中华民族博大精深的文化积淀。中国传统建筑之美，美在江南水乡的水墨柔情，美在黄土窑洞的铿锵有力，美在皇家园林的气势恢宏，更美在"天人合一"的境界。

西方有一句描述音乐与建筑关系的至理名言——"建筑是凝固的音乐"。在古希腊神话中，音乐之神有一把七弦琴，他的琴声可以感动鸟兽，可以使木石按照音乐的节奏和旋律在广场上组成各种建筑物。曲终，节奏和旋律就凝固在这些建筑物上，化为比例和韵律。

南京　愚园

德国　新天鹅城堡

1. 中国建筑

宫殿：中国传统建筑注重群体组合的美，侧重取中轴对称院落式布局；注重建筑与自然的高度协同，尊重自然；其艺术性格特别重视对中和、平易、合蓄而深沉的美的追求。

"宫"和"殿"是中国传统建筑最高成就的体现。宫殿通常规模宏大、金碧辉煌、巍峨壮观，突出了君王皇权的威严。

北京　故宫

拉萨　布达拉宫

　　民居：中国历史悠久，民族众多，幅员辽阔。人们因地制宜，结合当地地形、气候，利用当地的材料，创造适宜人居住的建筑，逐步形成了各地不同的民居建筑形式。传统的民居建筑深深地打上了地理环境的烙印，淳朴自然，有着各自的特色，生动地反映了人与自然的关系，寄托了各族人民的信仰和审美观念。

湘西　吊脚楼

北京　四合院

福建　土楼

陕西　窑洞

　　园林：中国园林建筑按照 "天人合一" 的思想，通过筑山、叠石、理水等改造手段，把大自然浓缩于人们的生活环境中，将建筑与山水地形、花草树木等进行精巧布设，小中见大、虚实相间、动静宜变，使山石流水处处生情，意境无穷。

河北　承德避暑山庄

苏州　拙政园

北京　颐和园

上海　豫园

　　桥塔：中国是桥的故乡，自古就有"桥的国度"之称。中国古代的桥，有不少是世界桥梁史上的创举，充分显示了中国古代劳动人民的非凡智慧与才能。而塔则是一种有着特定的形式和风格的中国传统建筑。塔的种类非常多，而在我国古塔中历史最悠久、数量最多的是由高层楼阁发展而来的楼阁塔。这类古塔多用木、石、砖、铁、铜、琉璃等材料建造，塔顶是一个高大华丽的塔刹，搭配上飞檐翘角和精美的雕刻，格外别致。

河北　赵州桥

广西　程阳风雨桥

陕西　大雁塔

山西　释迦塔

2. 西方建筑

谈到西方建筑，我们就会联想到童话世界里富丽堂皇的宫殿，色彩艳丽的绘画，形象逼真的雕塑……西方建筑华丽富贵，豁达沉稳，对比鲜明，格调典雅，分置均匀，装饰色彩浓郁，凸显了西方文化的特征。

古希腊建筑的风格特点是和谐、完美、崇高，古希腊的神庙建筑就是这些风格特点的集中体现者。柱式是古希腊建筑最重要的贡献，多立克柱式、爱奥尼柱式、科林斯柱式尤其典型。结构设计上，石造的大型庙宇的典型制式是围廊式，柱子、额枋和檐部艺术处理基本上决定了庙宇的面貌。

希腊　帕特农神庙

希腊　雅典娜立柱

希腊　宙斯神庙

希腊　塞杰斯塔神庙

古罗马建筑是建筑艺术宝库中的一颗明珠，它承载了古希腊文明中的建筑风格，又在建筑形制、技术和艺术方面广泛创新，凸显了地中海地区的特色，出现了在古希腊建筑中很难见到的"穹拱"屋顶。古罗马建筑一般以厚实的砖石墙、半圆形拱券、逐层挑出的门框装饰和交叉拱

意大利　罗马斗兽场

意大利　万神殿

意大利　万神殿内部

顶结构为主要特点，讲究建筑的对称、宏伟。古罗马建筑在公元1—3世纪为极盛时期，达到西方古代建筑的高峰，至今保留的建筑如罗马斗兽场、万神殿、凯旋门等，依然影响着现代建筑的风格和样式。

拜占庭式建筑是在继承古罗马建筑文化的基础上发展而来的，又由于地理关系，汲取了波斯、两河流域、叙利亚等东方文化，形成了自己的建筑风格。拜占庭式建筑的屋顶普遍使用"穹窿"顶，色彩丰富的马赛克被广泛用于教堂内部的装饰上。

伊斯坦布尔　圣索菲亚大教堂

克罗地亚　拉科尼亚教堂

哥特式建筑最突出的特点是尖塔高耸、尖形拱门、大窗户及绘有圣经故事的花窗玻璃。哥特式建筑在设计中利用尖肋拱顶、飞扶壁、修长的束柱，使整个建筑高耸而富有空间感，营造出轻盈修长的飞天感；再结合镶着彩色玻璃的长窗、遍布教堂的浮雕群像，使教堂内产生一种浓厚的宗教气氛。

意大利　威尼斯大教堂

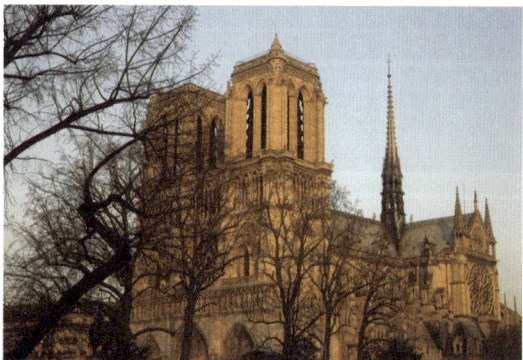

法国　巴黎圣母院

希腊　塞萨洛尼基教堂

意大利　米兰大教堂

※ **审美园地 3**

建筑是人类发展历史中必不可少的内容，是人类智慧和理想的结晶。它为人们提供庇护场所的同时，塑造了人们丰富的生活体验。建筑作为时代的一面镜子，以其独特的艺术语言熔铸、反映出一个时代、一个民族的审美追求。

活动主题：我眼中的_____

活动步骤：

（1）留心你身边的建筑，选择你最有兴趣的一座建筑，补充主题，向伙伴们介绍。

（2）借助导学表开展"我眼中的_____"活动。

（3）各小组之间分享交流。

"我眼中的_____"导学表

小组		小组长	
活动时间		活动形式	
我想推荐的建筑物名称			
建筑物简介			
最美链接			
活动收获			
自我评价	非常满意□　满意□　一般□　不满意□		

备注：①"活动形式"还可以有查阅书籍、运用 AI 大模型学习、小组讨论、交流、参观、听讲座等。

②"最美链接"可以是图片，也可以是视频链接，如果是自己创作的作品，请标注好作者姓名，并注明创作时间、地点、主题等。

③请小组长组织小组成员共同开展自我评价，可以从活动的意义、活动参与度、活动的效果等方面进行评价。

◆ **审美活动 3　雕刻之美**

《玉镂雕双龙首佩》　战国晚期　现藏于北京故宫博物院　　《思考者》　法国　罗丹　现藏于巴黎罗丹美术馆

看到这组图片，你能联想到哪些有关美的词？图中雕塑的美有什么不同？

中国传统雕刻讲究神形兼备，将雕、刻、塑三种创制方法融为一体，力求从外形上体现出内在的意蕴和气质。不管是木雕、石雕还是玉雕，都追求线条的和谐自然。通过选择雕刻对象、表现手法和纹饰的运用等方式传递象征意义和文化内涵。

西方雕刻艺术以古希腊与古罗马时期为起点，注重写实，强调人体的比例，通过圆式平滑的线条，形成充满张力与层次的空间效果。西方的人体雕塑运用黄金比例，展现力量之美，同时通过表情、姿态的塑造，展现人的内在精神和气质。因此，西方雕刻更侧重于雕塑出展现力量与美丽的人体，用运动的静态美来传达艺术家的思想、情感和审美理想，从而创造了许多经典优秀的雕塑。随着时代的发展，西方雕塑重心完成了从"神"到"人"的转变，逐渐注重细节和真实，从静态表现转为动态表现，创作更加自由。请观赏视频"雕刻艺术之美"。

视频
"雕刻艺术之美"

北京故宫前的石狮

法国凡尔赛宫门前的雕塑

1. 隽永神秘的石雕

高山巍峨，壁立千仞。古人观察自然，敬畏自然，也用自己的力量改变自然。"就其山而凿之，曰摩崖。"石雕是起源于远古时代的一种记事方式，人们在天然的石壁上摩刻文字、雕刻造像，表达自己的情感寄托，凝聚了劳动人民的智慧。在漫长的历史中，石雕艺术的创作不断地更新进步，以建筑装饰为主要功能的建筑石雕应运而生。人们在建筑使用的石器上雕刻纹饰，使之成为既实用又美观的艺术品，其雕刻技艺精湛，是中华文化艺术的瑰宝。

卧佛石刻

摩崖刻字

华表

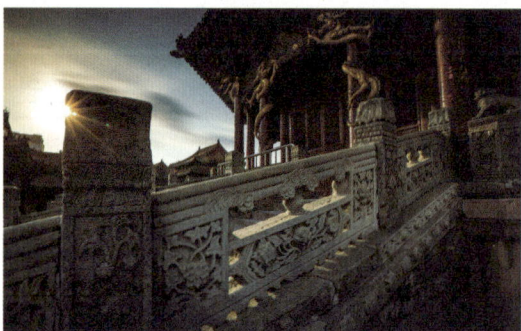

栏杆石刻

2. 细腻灵秀的玉雕

"玉，石之美者"，玉的独特质地、色彩和纹理自然形成了质朴无华的魅力，通过工匠巧妙的构思和精湛的工艺，营造出意境，并蕴含了深刻的文化内涵。

玉器葡萄纹饰

青玉兰亭修禊山子

青玉镂雕枝叶葵花杯

白玉镂雕荷包式香囊

3. 精致空灵的泥雕木雕

相传女娲以泥土仿照自己抟土造人，人类也以泥土来雕筑塑像，借以表达心中最虔诚的信仰和最朴素的愿景。木雕则是立体的绘画，祖先们发现了木头的温和与生命力，以及纯朴的品质，因而创造出了许多造型凝练、刀法熟练流畅、线条清晰明快的艺术品。

兵马俑

菩萨塑像

金漆木雕大神龛（局部）

古建筑上的木雕

4. 其他雕刻

在雕刻艺术中，还有历史悠久的骨雕，以微小精细见长的微雕，美化菜肴装点宴席的食雕，以刀代笔以竹为纸的竹雕等。它们以其奇巧的构思，精湛的工艺，别致的造型，令人叹为观止。

骨雕　小羊羔

微雕　橄榄核小舟

食雕　百鸟争鸣

竹雕　留青松下老人图竹节式笔筒

5. 西方雕塑

西方雕塑首先也是作为建筑的装饰而出现的。西方雕塑多用石材雕刻，偏好以人体、人像为主题，展现具有神性的力量与优雅，强调个人展现出的美。

《胜利女神像》 古希腊　　　　　《拉奥孔》 古罗马　　　　　《大卫》 文艺复兴时期

《地狱之门》 19 世纪　　　　　　　《被摧毁的城市》 20 世纪

※ 审美园地 4

　　雕刻艺术是人类对自然和生活的观察，是自然与艺术的有机结合。在木、石、骨、金属等材料上，创造出具有一定空间的可视、可触的艺术形象，借以反映社会生活、表达艺术家的审美感受、审美情感、审美理想。它能反映不同民族、不同国家、不同地域、不同时期的审美趣味和人文风情。

　　活动主题：刀尖的魅力

　　活动步骤：

　　（1）纸雕，起源于中国汉代，是在纸张上运用雕刻技巧创造出美的感受。准备纸雕所用的材料和工具，选一幅喜欢的作品，尝试完成，体会刀尖的魅力。

　　（2）借助导学表开展"刀尖的魅力"活动。

　　（3）各小组之间分享交流。

"刀尖的魅力"导学表

小组		小组长	
活动时间		活动形式	
纸雕名称			
纸雕简介			
纸雕作品展示			
活动收获			
自我评价	非常满意□　满意□　一般□　不满意□		

备注：①"活动形式"还可以有查阅书籍、运用 AI 大模型学习、小组讨论、交流、实践等。

②"纸雕作品展示"可以是图片，也可以是视频链接，请标注好作者姓名，创作时间、地点、主题等。

③请小组长组织小组成员共同开展自我评价，可以从活动的意义、活动参与度、活动的效果等方面进行评价。

④保管好雕刻用的工具，注意用刀安全。

课后学习与拓展

★ 审美引导 4

具象与抽象，瞬间与永恒，表现与再现，艺术家用灵巧的双手，用独特的智慧，赋予木、石、纸等材料以灵魂，记录了历史，讲述了故事，留下了美。人人都有一双善于发现美的眼睛，带着一份追求美的愿望，从不同角度去欣赏美、挖掘美、创造美。

—— 美 物 推 荐 ——

1. 看一看提升艺术认知与审美能力的纪录片——《故宫 100》《探索·发现之中国绘画艺术》《我们的家园》《中国雕刻》等。

2. 读一读关于造型艺术的书籍——《艺术的故事》《中国艺术史》《穿墙透壁：剖视中国经典古建筑》《藏在木头里的智慧》《故宫博物院藏文物珍品全集·铭刻与雕塑》等。

| 第二节　表演艺术 |

审美描述

艺术家们将宛若天籁的音乐、精彩绝伦的舞蹈、神形兼备的戏剧、美轮美奂的舞台元素完美融合，呈现出绚丽多彩的画卷，展示其精彩的表演、精湛的技艺和深刻的内涵，与欣赏者共同体会自然、生活、社会中的真善美，享受精神上的愉悦。

课前学习与发现

★ 审美引导 1

请你读一读"审美描述"的内容，展开联想，和大家分享你最喜欢的表演艺术类型，谈一谈它的美。

※ 审美园地 1

请欣赏视频"表演艺术之美"，将你感受到的美记录下来，与大家交流。

视频
"表演艺术之美"

课中学习与探索

★ 审美引导2

　　缠绵缱绻、哀怨扼腕的曲调，动感明快、清新活泼的旋律，感人肺腑、催人泪下的歌声；一静一动，一呼一吸之中被赋予情感的舞蹈；字正腔圆、神形兼备、唱念做打，凝聚着中国传统文化美学精髓的戏曲……欣赏表演艺术之美，从不同的表演形式的特点入手，将艺术欣赏与生活感悟相融合，体会形式背后的深刻内涵。读一读"审美提示"中的词，你能联想到哪些美的画面？将你的感受用美的语言跟大家分享。

> 审美提示：天籁之音、悦耳动听、抑扬顿挫、婉转悠扬、婀娜多姿、箫凤翔鸾、轻歌曼舞、矫若游龙、紧锣密鼓、粉墨登场、神形兼备、扣人心弦……

★ 审美引导3

　　让我们一同参与五音雅乐、曼妙身姿、粉墨登场三个审美活动，通过阅读文字、欣赏图片、观看视频、应用现代信息技术手段查找相关资料等方法，一同去感受表演艺术带给我们的美和感动。通过"审美园地"活动，进一步探索美、实践美、创造美。

◆ 审美活动1　五音雅乐

北京国家大剧院

维也纳金色大厅

看到这组图片，你能用哪些有关美的词形容它们？

　　声乐俗称唱歌，是一种音乐化的语言，也是最古老、最受欢迎的艺术之一。它从原始劳动产生的号子中萌芽，经历千百年，逐渐发展演变成一门单独的艺术形式。

　　器乐是相对于声乐而言，是以乐器为物质基础，不用人声或者人声处于附属地位的音乐。器乐借助乐器的性能特征，结合演奏技巧的应用，表现一定情绪与意境。

庄严和谐的合唱

传统器乐

1. 优美动听的演唱

甜美动听的民歌、浑厚华彩的美声、动感十足的流行歌曲……使人们的生活更加精彩，不同的唱法让人们领略到歌唱艺术各具风格的美。

质朴民歌：声音甜美，吐字清晰，气息讲究，音调多高亢。民歌和民歌风格的歌曲带有浓郁的地方音调，在演唱时如能用方言更能表达其内容与特色。总的来看，在风格上，北方民歌豪放粗犷，南方民歌委婉灵巧，高原山区民歌高亢嘹亮，平原地区民歌舒展自如。请欣赏视频"在那桃花盛开的地方"。

通俗歌声：它追求"自然声态"的演唱方法，强调用自己最真实的声音歌唱，从而体现声音的个性化与特色，感情自然流露，表演有很强的即兴性和煽动性。它贴近人们的生活，现代时尚，集音乐、形体、舞蹈、表演等于一体，深受大众喜爱。请欣赏视频"又见炊烟"。

质朴自然的民歌

风格多样的通俗

天籁美声：起源于欧洲的美声唱法，是一种突出声音华彩优美，咏叹性重于朗诵性和戏剧性的歌唱方法。它追求声音的光彩、力度和连贯、流畅、柔美，加上表现力丰富，因此得到世界范围的普遍承认和接受。美声唱法的声音具有金属质感，男声一般讲究浑厚、饱满、通透，女生一般讲究明亮、圆润、灵动。请欣赏视频"我的太阳"。

华彩优美的美声

2. 扣人心弦的演奏

"凡音之起，由人心生也。"音乐是一种能够触及人类灵魂的艺术，而器乐就是投向心灵深处静潭的那颗石子。七弦琴的丝丝颤动，黑白键的点点跳跃，或悠扬婉转，或激昂人心，器乐以其独特的美，带给人们不一样的听觉盛宴。

韵味深沉的东方器乐：以中国器乐为代表的东方器乐，起源于礼乐相济的社会作用，讲究气韵与意境，强调风骨与神貌，推崇蕴蓄婉曲，"乐而不淫，哀而不伤"，体现在旋律中的审美意境可以用寂静、空寥、清幽、闲散来概括。击奏器乐、弹拨器乐、吹奏器乐、弓弦器乐等常常采用自然材料制作，通过不同的演奏方式为听者营造出充满东方韵味的中和之美。请欣赏视频"茉莉花"。

深沉浑厚的编钟

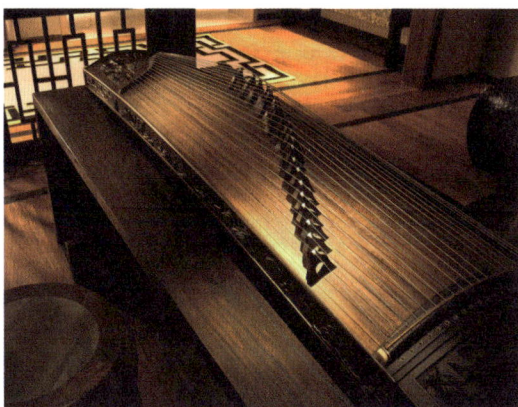

悠扬婉转的古筝

气势恢宏的西方器乐：西方乐器具有精准性、高速度、音色多变、发音强而有力和坚定的节奏感，这些特点既给人以美妙、愉悦的感觉，也反映了西方音乐文化中追求完美和高效率的价值观。西洋乐器分为木管乐器、铜管乐器、弦乐器、键盘乐器、打击乐器等。木管乐器起源很早，是乐器家族中音色最为丰富的一种，常被用来表现大自然和乡村生活的情景；铜管乐器的特点是雄壮、辉煌、热烈；弦乐器的特点是柔美、动听；键盘乐器的特点是其宽广的音域和可以同时发出多个乐音的能力；打击乐器主要是用于渲染乐曲气氛。请欣赏视频"沉思"。

视频"沉思"

明亮清澈的小提琴

空灵缥缈的钢琴

※ 审美园地 2

音乐是心灵的回响，是情感的共鸣，它是能触及人类灵魂的艺术。不同的表演方式，呈现出不同音乐的美，或低调深沉，或激情澎湃，或悠远绵长，或奔放热烈。让我们一起参与一次有趣的音乐之旅吧。

活动主题： 共享音乐盛宴。

活动步骤：

（1）听一听准备的音频，仔细辨别其中用到了哪些乐器。

（2）用恰当的词句归纳听完音频后的感受。

（3）推荐一首歌曲或一个演奏片段给大家共同欣赏。

（4）知晓文明观演的相关要求。

（5）借助导学表开展"共享音乐盛宴"活动，与大家分享交流。

"共享音乐盛宴"导学表

小组		小组长	
活动时间		活动形式	
听到的乐器			
感受感悟			
美音推荐			
文明观演要求			
活动收获			
自我评价		非常满意□ 满意□ 一般□ 不满意□	

备注：①"活动形式"还可以有查阅书籍、运用 AI 大模型学习、小组讨论、交流、参加音乐会等。

②"感受感悟"可以用文字表达，可以用绘画表达，也可以用其他方式表达。

③"美音推荐"中请对推荐的歌曲或曲目片段进行简要介绍，重点介绍美在哪里。

④请小组长组织小组成员共同开展自我评价，可以从活动的意义、活动参与度、活动的效果等方面进行评价。

◆ **审美活动 2　曼妙身姿**

东方舞蹈

西方舞蹈

看到这组图片，你能联想到哪些有关美的词？

舞蹈用身体来创造形象和表达感情。中国舞蹈比其他国家的舞蹈更注重生命体验和生命表现，借助时空力的感性形态彰显生命本身，演绎生命的生意、生机、生气、生趣，达到"原天地之美而达万物之理"的境界。

西方舞蹈以其多样性、技术性和文化内涵著称于世，追求强烈的视觉效果，感染力强。

洛阳水赋

芭蕾舞者

1. 翥凤翔鸾的东方神韵

中国舞蹈注重内心情感的表达，具有诗的气质和形神统一、文质并重的美学特征。舞蹈动作在内在"心动"中体现多元和谐，将一花一草、一枝一叶、大地的呼吸、心灵的感受、天地的气韵都放置在肢体动作之中，呈内聚性形态，示意性强，上肢动作表现力丰富，表达出对生命、自然、文化最朴素、最真实的感受。

中国古典舞：舞姿与身法是其精髓。舞姿是造型，身法是韵律，它们之间的变换千姿百态。中国古典舞的舞姿和身法都离不开圆的规律，同时跳、转、翻等动作又需要强大的爆发力。请欣赏视频"古典舞"。

民族民间舞：流传于中华各民族的生产与生活之中，与民族的生活方式、历史传统、风俗习惯、宗教信仰都有着深刻联系，具有强烈的民族文化特色和地方特色，舞蹈与民间音乐、民族服饰相得益彰。请欣赏视频"雀之灵"。

视频"古典舞"

视频"雀之灵"

只此青绿

梁祝

2. 高雅浪漫的西方风情

在古希腊、古罗马时期，人们将音乐、戏剧、诗歌和舞蹈紧密联系在一起，反映当时人民的思想感情和社会生活。以芭蕾为代表的西方舞蹈，以动作的外在"形动"

为主，以下肢动作为主体语汇，动作呈放射性形态，更具程式化和形式化特征。

芭蕾：法文原意为"跳舞"，其主要特点为足尖直立进行舞蹈，故又名"足尖舞"。其孕育在意大利文艺复兴时期，诞生、发展在法国，崛起于俄罗斯。"开、绷、直、立"是芭蕾舞学的四大原则，也是各个时期芭蕾编舞家们的审美标准。请欣赏视频"四小天鹅"。

视频"四小天鹅"

国际标准舞：源自西方各国的民间舞蹈，经过提炼加工后，分成了多个舞种，每个舞种都有其独特的风格和特点。国际标准舞对舞姿和舞步的要求非常严格。男女舞者相伴而舞，是体育与艺术高度结合的一项体育竞赛项目。国际标准舞主要展现美妙的音乐、华丽的服装、灵动的舞姿、精准的肌肉控制、强烈的爆发力。舞者随音乐起舞，优美的姿态和音乐的完美配合，为观众带来精彩的视觉盛宴。请欣赏视频"斗牛舞"。

视频"斗牛舞"

踢踏舞：起源于美国，是一种用来"听"的舞蹈表演形式。表演者穿着特别的踢踏舞鞋，根据不同的音乐、节奏用踢踏舞鞋敲击地板发出声响，进行表演。踢踏舞注重脚下的技术，多表现轻快、活泼、自由的感觉，舞蹈与音乐节奏相伴，给人一种视觉和听觉的双重享受。请欣赏视频"踢踏舞"。

视频"踢踏舞"

芭蕾舞

国际标准舞

踢踏舞

※ 审美园地 3

"飘然转旋回雪轻，嫣然纵送游龙惊。"古人说"舞以宣情"，舞蹈的一举一动都是社会生活和人类情感的表达。

活动主题：游走于肢体的语言

活动步骤：

（1）欣赏一段你喜欢的舞蹈，感受它的美。

（2）尝试了解你喜欢的这段舞蹈，并谈一谈它美在何处。

（3）向大家介绍一下这段舞蹈欣赏的要点。

（4）知晓文明观演的相关要求。

（5）借助导学表开展"游走于肢体的语言"活动，与大家分享交流。

"游走于肢体的语言"导学表

小组		小组长	
活动时间		活动形式	
喜欢的舞蹈			
感受感悟			
欣赏要点			
文明观演要求			
活动收获			
自我评价		非常满意□ 满意□ 一般□ 不满意□	

备注：①"活动形式"还可以有查阅书籍、运用 AI 大模型学习、小组讨论、交流、参观等。

②请对喜欢的舞蹈进行简单的介绍，可以配图片。

③"感受感悟"可以用文字表达，可以用绘画表达，也可以用其他方式表达。

④"欣赏要点"要重点介绍美在哪里，提示欣赏的角度。

⑤请小组长组织小组成员共同开展自我评价，可以从活动的意义、活动参与度、活动的效果等方面进行评价。

◆ **审美活动 3　粉墨登场**

京剧化妆

京剧造型

看到这组图片，你能联想到哪些有关美的词？

王国维在《戏曲考原》中说："戏曲者，谓以歌舞演故事也。"中国戏曲是一门综合性艺术，富有特殊的魅力，具有综合性、程式性、虚拟性等艺术特征，凝聚着中国传统文化的美学精髓。中国戏曲由文学、音乐、舞蹈、美术、武术、杂技以及表演艺术综合而成，经过长期的发展演变，逐步形成了以"京剧、越剧、黄梅戏、评剧、豫剧"五大戏曲剧种为核心的中华戏曲百花苑。

1. 京剧

京剧是中华民族传统文化的重要表现形式，其中的多种艺术元素被用作中国传统文化的象征符号，是中国影响最大的戏曲剧种，有"国剧"之称。欣赏京剧，要有意识地去感受它的字正腔圆、劲健婉转、见棱见角、古朴平直、荒腔走板、刚柔相济、粉墨登场等艺术之美。请欣赏视频"贵妃醉酒"。

视频"贵妃醉酒"

2. 越剧

越剧起源于"落地唱书"，1925 年 9 月 17 日，上海《申报》的演出广告中首次以"越剧"称此剧种。中华人民共和国成立后，更是统一称为"越剧"。越剧长于抒情，以唱为主，声音优美动听，表演真切动人，唯美典雅，极具江南灵秀之气；多以"才子佳人"题材为主。请欣赏视频"梁山伯与祝英台"。

视频"梁山伯与祝英台"

3. 黄梅戏

黄梅戏，原名黄梅调、采茶戏等，起源于湖北黄梅，发展壮大于安徽安庆，也是安徽省的主要地方戏曲剧种。欣赏黄梅戏，要有意识地去感受它的轻歌曼舞、赏心悦目、朴实无华、通俗易懂、优美流畅、明快抒情、质朴细腻、真实活泼等艺术之美。请欣赏视频"女驸马"。

视频"女驸马"

4. 评剧

评剧的念白和唱词口语化，唱词浅显易懂，表演的生活气息浓厚，有亲切的民间味道。它的形式活泼、自由，最善于表现当代人民的生活，因此很受观众的欢迎。欣赏评剧，要有意识地去感受它的简洁明快、通俗易懂、脍炙人口、活泼自由、雅俗共赏等艺术之美。请欣赏视频"秦香莲"。

视频"秦香莲"

京剧

越剧

黄梅戏

评剧

5. 豫剧

豫剧发源于中原（河南开封），是在河南梆子的基础上不断继承、改革和创新发展起来的。欣赏豫剧，要有意识地去感受它的铿锵大气、抑扬有度、行腔酣畅、吐字清晰、韵味醇美、生动活泼、质朴通俗等艺术之美。请欣赏视频"七品芝麻官"。

豫剧

视频"七品芝麻官"

※ 审美园地 4

"唱念做打"是戏曲表演的四种艺术手段。唱，要"字正腔圆"；念，要"千斤话白四两唱"；做，要"神形兼备"；打，要"以假乱真"。

活动主题：群英荟萃

活动步骤：

（1）了解家乡的戏曲，做一个简单的介绍。

（2）欣赏一段家乡的戏曲，谈一谈它最具特色的美。

（3）尝试跟唱几句，或比画几个动作，进一步感受它的美。

（4）知晓文明观演的相关要求。

（5）借助导学表开展"群英荟萃"活动，与大家分享交流。

"群英荟萃"导学表

小组		小组长	
活动时间		活动形式	
家乡戏曲			
美的链接			
感受感悟			
文明观演要求			
活动收获			
自我评价	非常满意□　满意□　一般□　不满意□		

备注：①"活动形式"还可以有查阅书籍、运用 AI 大模型学习、小组讨论、交流、走访等。

②请对家乡戏曲做一个介绍，可以配图片。

③"美的链接"可以是图片，也可以是视频、音频链接，如果是自己创作的作品，请标注好作者姓名，并注明创作时间、地点、主题等。

④"感受感悟"可以用文字表达，可以用绘画表达，也可以用其他方式表达。

⑤请小组长组织小组成员共同开展自我评价，可以从活动的意义、活动参与度、活动的效果等方面进行评价。

课后学习与拓展

★ 审美引导 4

表演艺术追求真善美的内涵，优雅动人的意境，打动人心的情志，是富有生命力的表达，天地化美，孕育其中。表演艺术来源于生活，又反馈于生活，点缀生活，表达人们对美好生活的向往和追求。

— 美 物 推 荐 —

1. 看一看提升艺术认知与审美的纪录片——《维也纳新年音乐会》《历年中国舞蹈荷花奖》《中国经典戏曲欣赏》等。

2. 读一读关于表演艺术的书籍——《音乐的心理学》《舞蹈欣赏》《舞蹈的艺术》《中华戏曲丛书》等。

| 第三节 综合艺术 |

审美描述

综合艺术吸收了各门艺术中各种元素的特征，将时间艺术与空间艺术，视觉艺术与听觉艺术，造型艺术与表演艺术综合在一起，实现了美学层次的高度综合，使它们能够将视与听、时与空、动与静、再现与表现集于一身，从而具有了巨大的综合表现能力，极大地扩展和丰富了观众的审美感受，使综合艺术成为最具有群众性的艺术门类，影视艺术是其代表。

课前学习与发现

★ 审美引导 1

请你读一读"审美描述"的内容，回顾你观赏过的优秀影片，谈一谈其中的精彩之处。

※ 审美园地 1

请观赏视频"我和我的祖国"，将你感受到的美记录下来，与大家交流。

视频
"我和我的祖国"

课中学习与探索

★ 审美引导 2

在 19 世纪末 20 世纪初，电影诞生，这种将戏剧、绘画、摄影、音乐、舞蹈、灯光等多种内容集于一体的艺术形式，一经问世就成为艺术界的宠儿，被冠以"第七艺术"的美名。无数的人陶醉于它的魅力之中，有人为它燃烧激情，有人为它奉献智慧，有人流连于它营造的一个又一个既虚幻又现实的梦境。读一读"审美提示"中的词，你能联想到哪些美的画面，将你的感受用美的语言和大家分享。

审美提示：如梦似幻、扣人心弦、惊心动魄、曲折动人、精彩绝伦、悬念迭起、环环相扣、缠绵悱恻、身临其境、情真意切、意犹未尽……

★ 审美引导3

让我们一同参与视觉之美、听觉之美、情节之美三个审美活动，通过阅读文字、欣赏图片、观看视频、应用现代信息技术手段查找相关资料等方法，一同去感受影视艺术带给我们的美和感动。通过"审美园地"活动，进一步探索美、实践美、创造美。

◆ 审美活动1 视觉之美

电影《英雄》

电影《少年派的奇幻漂流》

电影《流浪地球2》

看到这组图片，你能联想到哪些有关美的词？

视觉是我们接收信息最主要的渠道。光影交错、色泽扑朔、画面迷离，视觉元素的变化，总是令人遐想万千，时而孤影渺茫，时而前呼后拥，时而黯淡无光，时而璀璨耀眼……或许这就是影视作品中视觉元素的魅力。

1. 引人入胜的镜头

通常情况下，用远景镜头是为了展现人物的渺小和孤寂，营造类似"断肠人在天涯"的感觉；使用渐入的镜头是为人物的出场做铺垫，起到强化作用；仰视角度的镜头，是为了突出人物的伟大或者威胁性；推拉变焦镜头的出现，是为了放大人物的心理情绪变化，突出戏剧效果等。景别的大小也有不同的作用：如全景镜头表示舒缓，有娓娓道来之感；快速切换的镜头，突出情节的紧张节奏；特写镜头的组合强调线索，突出人物的心理和情绪变化等。

电视剧《长安十二时辰》开篇用了一个长镜头，伴随着歌姬的演唱，由点及面，从近到远，犹如一幅徐徐展开的画卷，极其自然地将盛唐的世俗风情展现在观众眼前，也自然地将观众带入到情境之中。请观赏视频"长安十二时辰"。

视频"长安十二时辰"

电视剧《长安十二时辰》

2. 匠心独运的构图

构图和色彩之美：影视构图体现的是导演要表达的主体思想和美感，通过画面传达给观众。构图美不美很大程度上影响着观众的观影体验。在一定的时间里，契合的背景下，安排人和人的关系、人与景物的关系，景物和景物之间的关系，使时、景、人完美融合，有助于情感的表达。

电影《楚门的世界》中，最后一组画面的色彩暗淡，呈现一片冰冷且呆板的景象，楼梯沿着画面三分之二处的对角线延伸，没有尽头的楼梯体现了楚门在虚拟世界中的困境和束缚。楚门站在楼梯下端，两者之间产生了线条的汇聚趋势，达到吸引人的视线，突出主体的效果。

电影《楚门的世界》

3. 托情达意的色彩

影视作品中，不同的画面色彩具有不同的象征意义，如白色代表纯洁、高洁，黑色代表死亡、庄严和绝望，红色代表热情奔放和力量，橘色代表温暖明快，蓝色代表博大宽广，绿色代表生命和希望等。色彩可以叙述事物，交代环境，增强视觉形象；烘托影片氛围，表达人物感情，产生情感互动；确立和展现整部影片的总体情绪和主题基调，表现影片的风格；生动地表达幻觉、回忆和现实之间的不同情调，转换不同时空内的情节，创造特殊的审美趣味。

电影《卧虎藏龙》中，身着白衣的演员在漫山的竹林中相互追赶，时隐时现，大片的绿色透出一种水墨画风格，清丽淡雅，温婉柔和，营造出如梦似幻的浪漫色彩，将中国美学里的浪漫与诗意发挥到了极致。

电影《卧虎藏龙》

※ 审美园地 2

了解影视作品中视觉元素的审美特征，运用所学知识，尝试拍一个短视频或一张照片，注意视频（照片）的构图、色彩等，谈一谈其中的视觉美。

活动主题： 小镜头大世界

活动步骤：

（1）选择好拍摄的主题，写好脚本，选好基调。

（2）根据拍摄的内容，选择好拍摄的时间、地点，准备好拍摄所需的道具。

（3）拍摄，后期制作。

（4）借助导学表开展"小镜头大世界"活动，与大家分享。

"小镜头大世界"导学表

小组		小组长	
活动时间		活动形式	
作品的主题			
作品展示			
作品的美			
活动收获			
自我评价		非常满意□　满意□　一般□　不满意□	

备注： ①"活动形式"还可以有运用 AI 大模型学习、小组讨论、交流、实践等。

②"作品展示"可以是图片，也可以是视频链接，请标注好作者姓名，并注明创作时间、地点、主题等。

③"作品的美"主要介绍镜头、构图、色彩等的设计和用意。

④请小组长组织小组成员共同进行评价，从活动的意义、活动参与度、活动的效果等方面进行评价。

◆ 审美活动 2　听觉之美

电影《闪闪的红星》　　　　　　　　　　　　电影《音乐之声》

看到这组图片，你能联想到什么音乐？

听觉元素也是我们从影视作品中获得审美体验的重要方面。影视作品中的每一种声音都是有意义的，可以调控影片节奏，强调渲染角色情感，暗示人物命运，推动情节发展，同时也展现了作品的审美品位。发现与感受影视作品中的听觉美可以从台词、音乐、音效等元素去尝试。请观赏视频"我的 1919"。

视频
"我的 1919"

电影《我的 1919》

1. 萦绕耳畔的台词

台词分为对白和旁白。台词文本的创作和演员的台词功底表现，都是台词审美的重要组成部分。台词的文本逻辑严密，用语精准，言辞优美，凸显人物的性格特征，体现人物情绪的起伏变化，展现时代和地域的特征。演员演绎台词时，口齿清晰、抑扬顿挫、传情达意、真情实感。

《觉醒年代》塑造了陈独秀、李大钊、蔡元培等性格鲜明的经典荧幕形象，该剧的台词更是一大亮点，有的甚至成为观众传颂的经典语录。请观赏视频"觉醒年代"。

视频"觉醒年代"

电视剧《觉醒年代》

2. 经久不衰的音乐

音乐是影片的重要元素，它与精彩的画面相得益彰。影片中的音乐除了有一般音乐的审美特征，还具有自身的审美特征。首先，它与画面有机结合，烘托影片的氛围，表达情感；其次，影片中的音乐在表现画面时具有间断性的特点，增强影片的节奏感；最后，音乐可以参与叙事，刻画人物的心理，推动情节的发展。

电影《音乐之声》的开头，伴随着主人公玛利亚的出现，歌曲《音乐之声》在群山间回荡。玛利亚在山顶饱含深情的独唱，抒发了自己对故乡、对大自然、对音乐艺术的无比热爱，生动地刻画了女主人公的内心世界。插曲《雪绒花》的音乐形式简洁凝练，刻画出上校善良勇敢的内心世

电影《音乐之声》

视频"音乐之声"

界，也衬托出此时安静祥和的家庭氛围。请观赏视频"音乐之声"。

3. 惟妙惟肖的音效

音效主要指的是在实际录制环境音时，在录不到或者录到的声音较差的情况下，通过后期模拟来制造出效果逼真的环境音。拟音是常见的音效手法，通过拟音得到的声音，更加逼真细腻，更能给人以美的享受。影视作品中，常见的拟音有马蹄声、风声、雨声、雷声、煎炸食物的声音、桌椅发出的嘎吱声等。美食纪录片《舌尖上的中国》就利用了许多音效再现了食物烹饪中煎、炸、炒、煮的场景，触及我们的味蕾，为片中的美食增色不少。请观赏视频"舌尖上的中国"。

视频
"舌尖上的中国"

纪录片《舌尖上的中国》

※ 审美园地 3

电影《音乐之声》中的插曲《雪绒花》，大家耳熟能详。欣赏影片，针对当敌人占领了奥地利后，面对同胞和敌人，上校一家人在音乐节上再度唱响带有奥地利民族风格的《雪绒花》片段，谈一谈你的审美感受。

活动主题：寻味雪绒花

活动步骤：

（1）欣赏相关片段，感受影片中音乐的美。

（2）借助导学表开展"寻味雪绒花"赏析活动，与大家分享。

（3）推荐 1 至 3 首你喜欢的影视音乐给大家欣赏。

"寻味雪绒花"导学表

小组		小组长	
活动时间		活动形式	
音乐的美			
情感的美			
美音推荐			
活动收获			
自我评价		非常满意☐　满意☐　一般☐　不满意☐	

备注：①"活动形式"还可以有运用 AI 大模型学习、小组讨论、交流等。

②"音乐的美"可以从曲调、节奏、风格、速度、和声等方面去介绍。

③"情感的美"可结合影片的时代背景、故事情节、人物个性特征去介绍。

④请小组长组织小组成员共同开展自我评价，可以从活动的意义、活动参与度、活动的效果等方面进行评价。

◆ 审美活动3 情节之美

电影《红海行动》

电影《放牛班的春天》

电影《建党伟业》

你观看过这些影片吗？片中有哪些美让人动容？

影片中的美还体现在扣人心弦的情节中，通过曲折动人、环环相扣、出人意料的故事情节，表达着作品的主题，讴歌着人间的真善美，赞颂着生命的可贵，启迪着我们的灵魂。在整个影片的推进中，特别耐人寻味的是"悬念"和"冲突"，观赏影片时，我们可以慢慢去咀嚼其中的滋味。

1. 诙谐幽默的喜剧

喜剧是指以幽默、夸张、诙谐的手段来演绎巧妙、滑稽，甚至荒诞的剧情，进而引发观众"笑"的审美体验。但喜剧的笑，并不是单纯的为笑而笑，它同样含有对丑陋现象的批判和对真善美的讴歌。在黑白默片时代，喜剧大师卓别林塑造了一幕又一幕的经典，他最擅长用幽默夸张的表演在逗笑观众的同时，揭露资本主义的丑陋与黑暗。请观赏视频"摩登时代"。

电影《摩登时代》

视频
"摩登时代"

2. 直击人心的悲剧

悲剧是以表现人物与时代、命运、环境之间激烈的冲突，最后以悲惨或不幸的结局结束的影视作品。通常主人公与现实之间不可调和的矛盾冲突，往往也是时代悲剧的投影。《海上钢琴师》讲述了一个被命名为"1900"的弃婴在一艘远洋邮轮上与钢琴为伴，最终和邮轮一起消失在海上的传奇故事。本片用倒叙的方式重现了"1900"的一生，他的存在是对工业革命后人内心的冷漠、自私自利、唯利是图、金钱至上的价值观的一种折射，从形而上学的角度反映出工业革命后人们内心的空洞和精神世界的匮乏。请观赏视频"海上钢琴师"。

电影《海上钢琴师》

视频"海上钢琴师"

3. 感人至深的正剧

正剧又称为悲喜剧，是悲剧和喜剧的交融和延伸，兼有悲剧和喜剧的特点，通常具有喜剧的圆满结局。正剧比喜剧严肃，比悲剧收敛，常常用于表现一些现实的社会题材，反映社会主旋律，能够更加深刻广泛地反映社会生活。电影《肖申克的救赎》就是这方面的经典佳作。命运跟主人公开了个玩笑，当发现无力反抗后，他接受了现实，但他内心自始至终没有放弃与命运的抗争，对自由的渴望。请观赏视频"肖申克的救赎"。

电影《肖申克的救赎》

视频"肖申克的救赎"

※ 审美园地 4

大家一定看过很多经典的影视作品，请结合自己的爱好和观影感受，做一回影片推荐官，向大家推荐1至3部你认为值得观看的影视佳作。

活动主题： 经典影视推荐

活动步骤：

（1）观赏或回顾你喜欢的经典影视作品，从画面、音乐、情节、主题等方面记录下观影感受。

（2）知晓文明观影的相关要求。

（3）借助导学表开展"经典影视推荐"活动，与大家一起分享。

（4）利用课余时间，选择推荐的经典影片让大家观赏。

"经典影视推荐"导学表

小组		小组长	
活动时间		活动形式	
影视剧名称			

续表

影视剧简介	
观影感受	
文明观影要求	
活动收获	
自我评价	非常满意□　满意□　一般□　不满意□

备注： ①"活动形式"还可以有查阅书籍、运用 AI 大模型学习、小组讨论、交流、听讲座等。

②"影视剧简介"可以介绍影视剧的梗概、上映时间、背景、所获得的奖项或好评等。

③"观影感受"着重从视觉美、听觉美、情节美等方面进行介绍，可以加入自己的感受和感悟。

④请小组长组织小组成员共同开展自我评价，可以从活动的意义、活动参与度、活动的效果等方面进行评价。

课后学习与拓展

★ **审美引导 4**

综合艺术既有综合性，又有独特性；既有文学性，又有表演性。以影视剧为代表的综合艺术，能满足人们的审美要求，也促进了人们审美创造能力的发展。丰富精美的画面展现人间的真善美，荡气回肠的音乐是综合艺术不可或缺的靓丽风景，丰富多彩的主题勾画出一个又一个奇幻的时空，欣赏影视剧，就是在体味不同的人生。

◆ 美 物 推 荐 ◆

1. 看一看与影视相关的纪录片——《出神入化：电影剪辑的魔力》《制作音效：电影声音的艺术》《电影配乐传奇》《光影的魅力》《成龙的特技》等。

2. 经典影视推荐：

动画片：《小蝌蚪找妈妈》《大闹天宫》。

音乐片：《五朵金花》《刘三姐》《音乐之声》。

故事片：《冰山上的来客》《城南旧事》《阿甘正传》《放牛班的春天》。

纪录片：《美丽中国》《舌尖上的中国》。

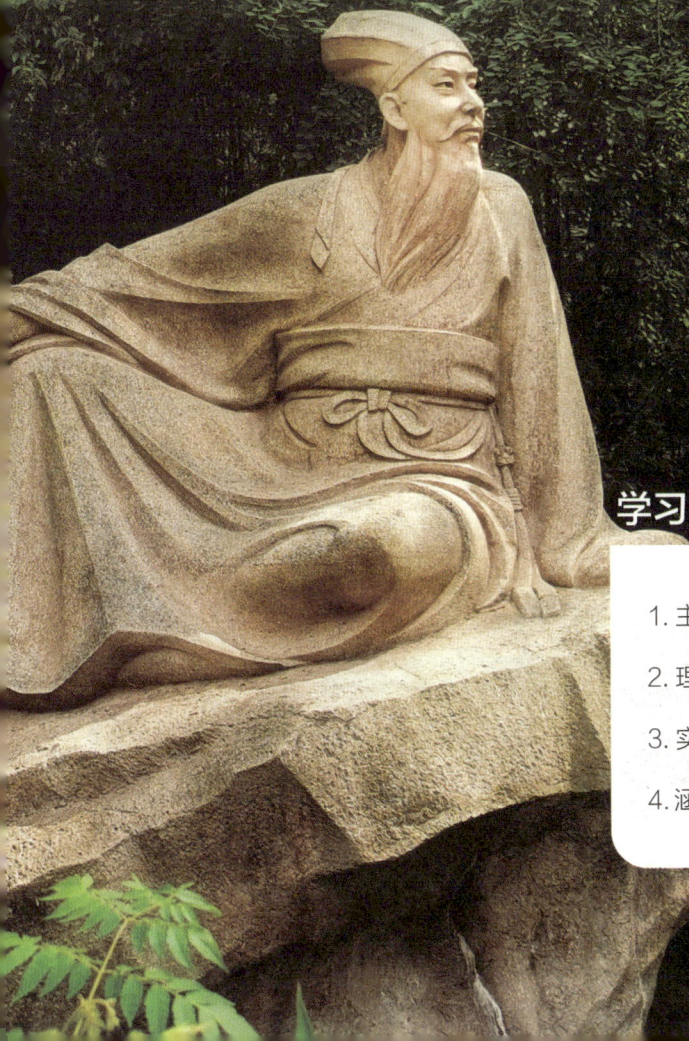

第四章 传承文化之美

中华传统文化最华美的乐章。

流传——它们共同谱写出中华传统文化最华美的乐章。

忆在精彩绝伦的节庆技艺中流传——它们共同谱写出中华传统文化最华美的乐章。

异的服饰里挺立，民族的记忆在精彩绝伦的节庆技艺中

闪耀，民族的形象在风采各异的服饰里挺立，民族的记

的精神在典雅浪漫的诗词中闪耀，民族的形象在风采各

灿若星河、海纳百川：民族的精神在典雅浪漫的诗词中

没有中断的文明。中华文化灿若星河、海纳百川：民族

中华文明是世界上唯一没有中断的文明。中华文化

学习目标

1. 主动发现和感悟传统文化之美。

2. 理解中国优秀传统文化的内涵。

3. 实践和传承中国传统文化之美。

4. 涵养民族文化底蕴，坚定文化自信，厚植家国情怀。

第一节 诗情词韵

审美描述

　　古代文人以诗写景、以诗记事、以诗寄情、以诗言志，诗词是他们生活中不可缺少的一部分。回溯中华诗词的长河，典丽精练的辞藻依然在眼前生辉，优美顿挫的韵律还在口中吟哦，情景交融的意境在脑海点滴入画，真挚深刻的情感在胸中流淌激荡……中华诗词是词至美、韵至雅，是景有情、思无邪，是中国人最深广丰沛的精神世界。

课前学习与发现

★ 审美引导 1

　　请你读一读"审美描述"的内容，回忆你的所学所知，分享你心目中最美的中华诗词。

※ 审美园地 1

　　请观赏视频"千百年前，他们写下这样的诗句"，慢慢诵读其中的诗词。哪些词句给你带来了愉悦美好的体验？它们美在何处？与大家进行交流。

视频"千百年前，他们写下这样的诗句"

课中学习与探索

★ 审美引导 2

　　结合视频和"审美描述"，想想我们可以从哪些方面去欣赏诗词，感受诗词之美？读一读"审美提示"中的词，说说你心目中哪些诗句最符合这些描述，将你的感受用美的语言和大家分享。

　　审美提示： 含蓄典雅、精练简洁、回味无穷、朗朗上口、抑扬顿挫、起伏婉转、如梦如画、意境悠远、情真意切、荡气回肠……

★ 审美引导 3

　　让我们一同参与古典诗词的语言之美、古典诗词的韵律之美、古典诗词的意境之美、古典诗词的情志之美四个审美活动，在解析中理解诗词的精髓。跟随音频诵读诗词，在相关视频和歌曲中融入诗词，从不同角度深度感受中华古典诗词的美。通过"审美园地"的活动，尝试用恰当的方式对自己心中的绝美诗词进行理解、品评、运用和诠释。

◆ 审美活动 1 古典诗词的语言之美

月出沧海

柳浪如烟

看到这组图片，你能联想到哪些有关美的诗句？

典丽精练的词句是古典诗词给人最直观的美感。"雪裁纤蕊密，金拆小苞香，千载白衣酒，一生青女霜"，白菊玉蕊似雪裁，黄菊含苞如金蕾，千百年来陪伴在布衣诗酒之间，凌霜开放——菊花的冷艳傲骨在典雅美丽的比喻中得到升华，"诗意"就此诞生。"千山鸟飞绝，万径人踪灭。孤舟蓑笠翁，独钓寒江雪"，"千山""万径"勾勒出广阔天地，"绝""灭"点出严冬的肃杀，寥寥数语却酝酿着"万千孤独"的苍凉，一个"独钓"又点明执着不屈的孤傲，精练的词句让诗歌回味无穷，"意境"由此展开。

清　胡锡珪　寒江独钓图扇页

1. 词句典丽之美

古典诗词中，"月亮"是"婵娟""玉魄"，佳人是"蛾眉""惊鸿"，书画是"丹青""妙笔"，音乐是"丝竹""商羽"；"垆边人似月，皓腕凝霜雪"描绘出白皙美丽的女子，"孤帆远影碧空尽，唯见长江天际流"描摹了送别的落寞……跟随音频诵读、欣赏以下诗词，猜猜李白的"云想衣裳花想容"是在描述怎样的人？而"金风"又是指什么事物？

清平调·其一

唐　李白

云想衣裳花想容，春风拂槛露华浓。

若非群玉山头见，会向瑶台月下逢。

清平乐·金风细细

北宋　晏殊

金风细细，叶叶梧桐坠。绿酒初尝人易醉，一枕小窗浓睡。

紫薇朱槿花残，斜阳却照阑干。双燕欲归时节，银屏昨夜微寒。

音频"清平调"

音频"清平乐"

《清平调·其一》中，李白将杨贵妃的裙裳比作云霞，将她的容貌比作牡丹花，赞她是只可瑶台见，不得人间逢的仙女——一代美人的绰约风姿跃然纸上。全诗词句典雅，比喻精妙，无一"美"字，却美入人心。

《清平乐·金风细细》中，秋日黄昏，风中落叶簌簌，庭院酒醒，闲看斜阳残照，百花凋零，燕子归巢，屏风凉去……风景看似萧索却因一个"金"和一个"照"平添些许暖意；秋夜仿佛寒凉，又因一个"微"字表达着奇妙惬意。该词似乎抒发了一些悲秋情绪，却从雅致的遣词中透露出微妙的安逸闲适。

唯有牡丹真国色

金秋梧桐

2. 语言精练之美

语句精练、言简意赅是诗词得以传诵的前提。为了在有限的篇幅中包容广阔的时空，让诗词传达最丰富的意义，诗人们穷尽才思锤炼词句，挥洒点睛之笔。"诗眼"是诗歌中最能开拓意旨和表现力最强的关键词句。请跟随音频诵读，欣赏下面两首诗，寻找其中的"诗眼"。

音频
"题李凝幽居"

音频
"泊船瓜洲"

题李凝幽居

唐　贾岛

闲居少邻并，草径入荒园。
鸟宿池边树，僧敲月下门。
过桥分野色，移石动云根。
暂去还来此，幽期不负言。

泊船瓜洲

北宋　王安石

京口瓜洲一水间，钟山只隔数重山。
春风又绿江南岸，明月何时照我还？

曲径通幽

《题李凝幽居》的"鸟宿池边树，僧敲月下门"一句中的"敲"，以动衬静，更显环境清幽。《泊船瓜洲》的"春风又绿江南岸，明月何时照我还？"中的"绿"，将形容词用作动词，生动呈现了春天降临万物的变化。

绿意江南

※ 审美园地 2

诗人用雅致的语句描绘寻常事物，用精练的词语点破景中意趣，从而构建出古典诗词的语言之美。让我们阅读更多内容，发现更多典丽精练的诗句。

活动主题： 探寻诗词的典丽精练

活动步骤：

（1）寻找最美雅称：查阅资料，找出导学表中所列事物在古典诗词中的雅称，并写下相应诗句，并选出最美雅称。

（2）发现"诗眼"：阅读所给诗句，小组讨论，找出其中的"诗眼"，并说说你从中体会到的精妙之处。

（3）借助导学表开展"探寻诗词的典丽精练"活动。

（4）各小组之间分享交流。

"探寻诗词的典丽精练"导学表

小组		小组长	
活动时间		活动形式	
活动 1　寻找最美雅称			
事物	雅称	对应诗句	最美雅称
天空			

续表

事物	雅称	对应诗句	最美雅称
太阳			
云			
雪			
美酒			
活动2 发现"诗眼"			
诗句		诗眼	精妙之处
两个黄鹂鸣翠柳，一行白鹭上青天			
绿杨烟外晓寒轻，红杏枝头春意闹			
气蒸云梦泽，波撼岳阳城			
知否，知否，应是绿肥红瘦			
泉声咽危石，日色冷青松			
活动收获			
自我评价	非常满意☐ 满意☐ 一般☐ 不满意☐		

备注：①"活动形式"可以有查阅书籍（《乐府诗选》《唐诗三百首》《千家诗》《宋词三百首》《绝妙好词》等）、运用 AI 大模型学习、小组讨论、观看有关中华古典诗词的文化节目等。
②请小组长组织小组成员共同开展自我评价，可以从活动的意义、活动参与度、活动的效果等方面进行评价。

◆ **审美活动 2　古典诗词的韵律之美**

黄鹤楼

试问卷帘人

看到这组图片，你能联想到哪些有关美的诗句？

　　优美顿挫的韵律是诗词朗朗上口的秘诀。诗词的句式丰富，韵律多变，有着不同的视听冲击："三山半落青天外，二水中分白鹭洲"，工整的对仗营造出一种视觉上的对称美，同时音韵和谐统一，极富感染力；"江南好，风景旧曾谙。日出江花红胜火，春来江水绿如蓝，能不忆江南？"长句婉转舒缓，短句简洁明快，长短句并用，节奏参差错落，独具意味。

日出江花红胜火

1. 古典诗词中的对仗工整之美

"整齐""对称"是中国传统文化中重要的审美取向，诗词中的对称美则体现在对仗上。诗词的对仗中，出句和对句要在字数、结构、词性、内容、韵律上相对称，形成一种视觉和听觉上的和谐。请跟随音频诵读下面两首唐诗，感受其中的对仗工整之美。

音频"登高"

登高

唐 杜甫

风急天高猿啸哀，渚清沙白鸟飞回。
无边落木萧萧下，不尽长江滚滚来。
万里悲秋常作客，百年多病独登台。
艰难苦恨繁霜鬓，潦倒新停浊酒杯。

音频"锦瑟"

锦瑟

唐 李商隐

锦瑟无端五十弦，一弦一柱思华年。
庄生晓梦迷蝴蝶，望帝春心托杜鹃。
沧海月明珠有泪，蓝田日暖玉生烟。
此情可待成追忆，只是当时已惘然。

清 王时敏 杜甫诗意图册其六

视频"渔歌子·西塞山前白鹭飞"

请欣赏宋词《渔歌子·西塞山前白鹭飞》，谈谈诗词的韵律带给你怎样的美感。

《登高》是一首突出对仗美的经典之作。首联，"风急"对"渚清"、"天高"对"沙白"、"猿啸"对"鸟飞"是同结构词相对，"哀"和"回"是动词相对；颔联"无边"对"不尽"是形容词相对，"落木"对"长江"是意象相对，"潇潇"对"滚滚"是叠词相对，"下"对"来"是动词相对；颈联"万里"对"百年"、"悲秋"对"多病"、"常"对"独"、"作客"对"登台"是量词、结构、词性相对；尾联"艰难"对"潦倒"、"苦"对"新"、"恨"对"停"、"繁霜鬓"对"浊酒杯"，同样是有关心境的词汇根据词性、结构相对。通常律诗都是颔联

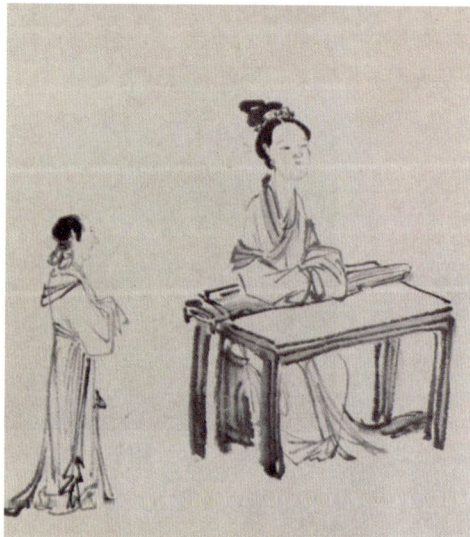

明 郭诩 人物仕女图卷（局部）

和颈联对仗，而这首《登高》是四联全对，且读来毫不刻意，这就要归功于诗人对对仗手法的巧妙运用。

《锦瑟》颔联将"庄生梦蝶"和"望帝杜鹃"两组典故用对仗的形式整齐地联合起来，延续"思华年"的迷离，引出"珠有泪"的哀婉，营造出神秘的美感。颈联"沧海"对"蓝田"、"月明"对"日暖"、"珠有泪"对"玉生烟"，看似堆砌意象、毫无联系，实则引领读者在无尽留白中体验广袤深刻、凄楚迷蒙的情思。

2. 古典诗词中的参差错落之美

参差错落是词、曲类文学作品的句式特征，这种句式也叫"长短句"。词曲中，长调婉转绵延，常用来表达深刻强烈的感情，读来节奏或悠扬或雄浑；小令简洁铿锵，常用来描写闲适愉快的生活或一言难尽的情思，读来节奏丰富、意犹未尽；中调则介于两者之间，错综跌宕、收放自如。请跟随音频诵读下面两首宋词，感受其中错落的韵律。

苏幕遮·燎沉香
北宋　周邦彦

燎沉香，消溽暑。鸟雀呼晴，侵晓窥檐语。叶上初阳干宿雨，水面清圆，一一风荷举。

故乡遥，何日去。家住吴门，久作长安旅。五月渔郎相忆否。小楫轻舟，梦入芙蓉浦。

声声慢·寻寻觅觅
宋　李清照

寻寻觅觅，冷冷清清，凄凄惨惨戚戚。乍暖还寒时候，最难将息。三杯两盏淡酒，怎敌他、晚来风急？雁过也，正伤心，却是旧时相识。

满地黄花堆积，憔悴损，如今有谁堪摘？守着窗儿，独自怎生得黑？梧桐更兼细雨，到黄昏、点点滴滴。这次第，怎一个愁字了得！

小园风荷

音频"苏幕遮·燎沉香"

词牌《苏幕遮》源于西域歌舞戏，曲调明快悠扬，层次丰富，适合用来表达起伏婉转的情感。周邦彦这首词，上阕"燎沉香，消溽暑。鸟雀呼晴，侵晓窥檐语。"节奏轻快愉悦，"一一风荷举"声韵响亮，提振人心。下阕触景生情，悠悠讲述羁旅的惆怅，虽与上阕结构相同，却因"遥""去""否""浦"等韵脚舒缓了情调，心境由畅快变得幽婉。整首词将长短句的节奏起伏与情感变化充分交融，意味隽永。

《声声慢》以短促的句式居多，因而平仄变化频繁，声音起伏大，有强有弱，忽急忽缓，情感律动明显，音乐感极强。又因大量使用叠字，反复而紧凑，使音韵更加丰富，读来语调时轻时重，时高时低，将徘徊嗟叹、摇曳婉转

音频"声声慢·寻寻觅觅"

现代　李震坚　易安词思图

的情愁灵动呈现，节奏抑扬顿挫、流畅舒展，富有韵律美。

※ 审美园地 3

　　工整的对仗音韵和谐，错落的长短句节奏顿挫，古典诗词的韵律美由此产生。让我们思索、搜寻，选出最美对仗与长短句。

活动主题：徜徉古典诗词的优美韵律

活动步骤：

　　（1）选词配对：阅读出句，选择合适的词语组成对句与之相对，与同学分享交流，再查阅资料，看看自己的对仗与诗人原作是否不谋而合。

　　（2）寻找最美长短句：欣赏更多宋词作品，按照小令、中调、长调的类别，分别列出你心目中的意、韵俱佳的绝妙好词，选出最美语句。

　　（3）借助导学表开展"徜徉古典诗词的优美韵律"活动。

　　（4）各小组之间分享交流。

"徜徉古典诗词的优美韵律"导学表

小组		小组长	
活动时间		活动形式	
活动 1　选词配对			
出句	对句	词语	诗人原作
梨花院落溶溶月		池塘、亭台、急急、飞燕、淡淡、柳絮、风	
蝉噪林逾静		清、鸟鸣、更、山、幽、水、蛙声	
自在飞花轻似梦		无边、细、愁、喜、似、如、不尽、丝雨	
池上碧苔三四点		白云、五六下、叶底、天上、一两声、黄鹂	
泥融飞燕子		鸯、天、睡、凉、沙、暖、蝴蝶	
桃李春风一杯酒		江湖、花草、十年、夜雨、梦、灯、冬雪	
活动 2　寻找最美长短句			
类别	作品名称	最美长短句	
小令			
中调			
长调			
活动收获			
自我评价	非常满意☐　满意☐　一般☐　不满意☐		

备注：①"活动形式"可以有查阅书籍（《唐诗三百首》《千家诗》《宋词三百首》《绝妙好词》《词选》等）、运用 AI 大模型学习、小组讨论、观看有关中华古典诗词的文化节目等。

　　②小令、中调、长调：五十八字以内为小令，自五十九字始至九十字止为中调，九十一字以外者俱为长调。

　　③请小组长组织小组成员共同开展自我评价，从活动的意义、活动参与度、活动的效果等方面进行评价。

◆ **审美活动 3　古典诗词的意境之美**

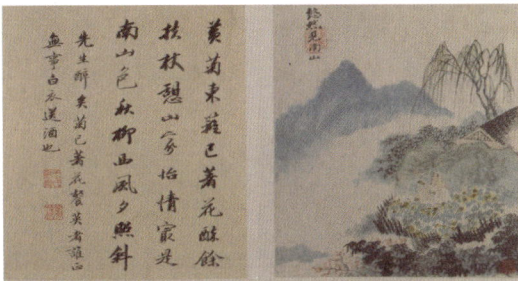
清　石涛　陶渊明诗意图册其二

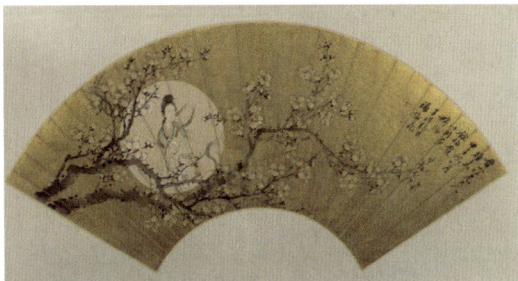
清　费以耕　张熊　梅月嫦娥图扇页

看到这组图片，你能联想到哪些有关美的诗句？

"月落乌啼霜满天，江枫渔火对愁眠。"看似普通的"月""乌""霜""江枫""渔火"，却在与"落""啼""愁"等词的搭配中，为诗歌平添了寂静惆怅的氛围。这些融入了诗人主观情感、用来营造意境的意象既有"形"又有"情"，让四季、风物、生活等场景充满情景交融的意境，"诗情画意"油然而生。欣赏右侧画卷，谈谈它们能让你想到哪些富有意境的诗句。

姑苏

1. 古典诗词中的季节意境

四季的意象到了诗人笔下不仅成为文辞优美的诗篇，更是一幅幅意境深远的图画。跟随音频诵读，欣赏下面这首描写山林秋景的诗歌，感受其中意象之生动、意境之深远。

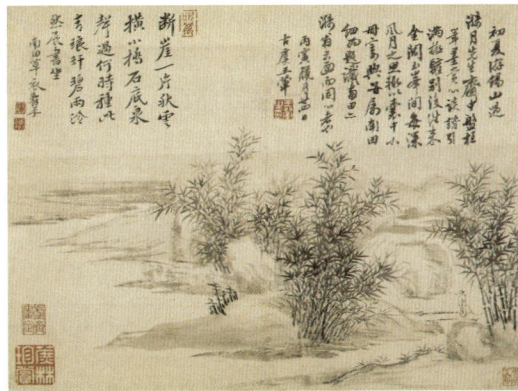
明　王翚　山水册

山居秋暝
唐　王维

空山新雨后，天气晚来秋。
明月松间照，清泉石上流。
竹喧归浣女，莲动下渔舟。
随意春芳歇，王孙自可留。

音频"山居秋暝"

这首诗描绘了秋雨初晴，山村傍晚的风光。"明月松间照，清泉石上流"勾勒出宁静清幽的山间晚景，"竹喧归浣女，莲动下渔舟"又演绎着活泼热闹的乡村生活。自然与人，一静一动，在这清秋傍晚和谐相融，令人流连。王维虽生在繁华富丽的盛唐，却向往山水清幽，追求内心宁静，写下这眼中秋景时，也寄托了自己的心境。

2. 古典诗词中的风物意境

从边塞大漠到山园小梅，常见的景物在诗人笔下都能营造出绝美的意境。跟随音频诵读，欣赏下面两首诗，说说它们在你心里是怎样的意境。

使至塞上

唐　王维

单车欲问边，属国过居延。
征蓬出汉塞，归雁入胡天。
大漠孤烟直，长河落日圆。
萧关逢候骑，都护在燕然。

音频"使至塞上"

山园小梅

北宋　林逋

众芳摇落独暄妍，占尽风情向小园。
疏影横斜水清浅，暗香浮动月黄昏。
霜禽欲下先偷眼，粉蝶如知合断魂。
幸有微吟可相狎，不须檀板共金樽。

音频"山园小梅"

边塞落日

寒梅霜禽

　　《使至塞上》描写了诗人奉命慰问边陲将士时，一路上看到的风景。王维以"征蓬"自比，依次刻画了归雁、大漠、孤烟、长河、落日、关隘、骑士等意象，旷远苍凉的边塞风光跃然纸上。诗眼"直"与"圆"勾勒出孤烟的升腾劲拔和落日的圆融温暖，传递出荒漠的生机与亮色，更烘托开阔雄浑的意境。

　　《山园小梅》描写寒梅在月下水边的风情，却不实写花的形态，而是从它稀疏纤细的倒影、淡淡的幽香，以及周围鸟雀、粉蝶对梅花的艳羡来从侧面烘托它的美。这首诗赋予梅花、动物人的品格，视角独特、想象丰富，语言清新灵动，虚实结合、意境优美。

3. 古典诗词中的生活意境

　　生活情趣在诗词中也有别样的意境，或恬淡，或欢愉，或安详，或热闹。跟随音频诵读，欣赏以下诗词，体验其中的生活乐趣，感受田园劳作、娱乐游戏的烟火人间。

归园田居·其一

东晋　陶渊明

少无适俗韵，性本爱丘山。
误落尘网中，一去三十年。
羁鸟恋旧林，池鱼思故渊。
开荒南野际，守拙归园田。
方宅十余亩，草屋八九间。
榆柳荫后檐，桃李罗堂前。
暧暧远人村，依依墟里烟。
狗吠深巷中，鸡鸣桑树颠。
户庭无尘杂，虚室有余闲。
久在樊笼里，复得返自然。

音频"归园田居·其一"

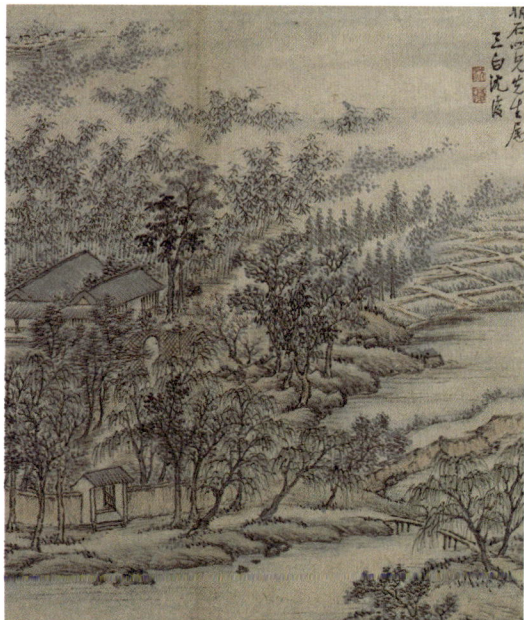

清　沈复　水绘园图册

破阵子·春景

北宋　晏殊

燕子来时新社，梨花落后清明。池上碧苔三四点，叶底黄鹂一两声。日长飞絮轻。

巧笑东邻女伴，采桑径里逢迎。疑怪昨宵春梦好，元是今朝斗草赢。笑从双脸生。

陶渊明厌恶世俗奉迎，向往乡村的淳朴自然，在《归园田居》中，他流露出归隐田园的欣喜。乡村中草木葱茏，田舍俨然，鸡犬相闻，悠然清闲，一派澹宁平和的世外图景。村社、草木、鸡犬、炊烟等平常景物从诗人恬淡的心境中呈现，简素的乡村生活也有了深远意境。

春分燕子来，清明梨花落，在日渐延长的白昼里，异彩纷呈的乡村生活图景在《破阵子·春景》中徐徐展开。在草长莺飞的时节，最适宜做"斗草"之戏。采桑少女春光满面、笑语盈盈，一夜美梦都不及斗草胜出令人快乐。这首词画面明媚，格调欢快，以桑女笑靥暗示斗草激烈，不实写具体活动，而是引发读者联想来填满画卷，别有意趣。

明　陈洪绶　斗草图

音频"破阵子·春景"

※ 审美园地 4

古典诗词中的意境为我们展开一幅幅优美的画卷。其中有唯美多姿的山河草木，有愉快惬意的生活趣味，更有诗人幽微丰富的思绪情结。让我们寻找更多诗词，分享心中如画意境。

活动主题： 诗诗入画

活动步骤：

（1）借助导学表开展"诗诗入画"活动。

（2）以四季、风物、生活为类别，寻找更多情景交融、意境深远的诗词，并用恰当的方式诠释诗词中最打动你的画面，形成作品。

（3）小组内选出最佳作品，结合诗词写出作品赏析。

（4）各小组之间分享交流。

"诗诗入画"导学表

小组		小组长	
活动时间		活动形式	
类别	作品链接		
四季			
风物			
生活			
评选结果			
作品赏析			
活动收获			
自我评价	非常满意□　满意□　一般□　不满意□		

备注：①"活动形式"可以有绘画、摄影、手工制作、情景表演等。

②相关资料获取方式可以是阅读相关书籍（《乐府诗选》《唐诗三百首》《千家诗》《宋词三百首》《绝妙好词》等）、运用 AI 大模型学习、小组讨论、观看有关中华古典诗词的文化节目等。

③请小组长组织小组成员共同开展自我评价，可以从活动的意义、活动参与度、活动的效果等方面进行评价。

◆ **审美活动 4　古典诗词的情志之美**

李白斗酒像

红豆

看到这组图片，你能联想到哪些有关美的诗句？

情感和志趣能建构起古典诗词中丰富的精神世界。羁旅在外时，我们用诗词传递真挚思念；朋友失意时，我们用诗词传达牢固的友情；遇上心动的人，我们用诗词书写深刻的爱情；迷茫时，我们用诗词坚定人生理想……诗词的浪漫，在于它们饱含对人生的热情。

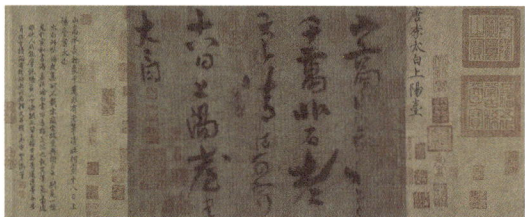

唐　李白　上阳台帖

视频"将进酒"

观看视频"将进酒"，体会其中浓烈的情感。

1. 古典诗词中的真挚思念

思念是人心中最温暖柔软的情感。有人因思念辗转难眠，写下情意绵绵的诗句；有人却因思念留下乐观豁达的名篇。跟随音频诵读，欣赏苏轼的这首词，体验其中的诚挚思念。

音频"水调歌头·
明月几时有"

水调歌头·明月几时有

北宋　苏轼

丙辰中秋，欢饮达旦，大醉，作此篇，兼怀子由。

明月几时有？把酒问青天。不知天上宫阙，今夕是何年。我欲乘风归去，又恐琼楼玉宇，高处不胜寒。起舞弄清影，何似在人间？

转朱阁，低绮户，照无眠。不应有恨，何事长向别时圆？人有悲欢离合，月有阴晴圆缺，此事古难全。但愿人长久，千里共婵娟。

东坡盘陀坐像

中秋欢饮后，苏轼越发想念多年未见的弟弟苏辙（字子由）。他想到远方的兄弟大约此刻也在思念自己，便写下此篇。他发出了对明月青天的叩问和向往，随后又承认自己还是更热爱平凡的生活。随着月光流转，他坦陈了自己对悲欢离合的乐观态度，表达了美好祝愿。整首词始终没有陷入思念的酸楚，而是处处流露出豁达愉悦的心情，立意高远。

2. 古典诗词中的珍贵友谊

古代男子要奔波生计，辗转仕途，甚至征战沙场，一生与家人聚少离多。相比之下，朋友就成了他们身边最亲近的人。知音之乐、共事之谊、患难之交在古典诗词中不胜枚举。跟随音频诵读，欣赏下面这首诗，感受其中的珍贵情谊。

秦风·无衣
先秦 佚名
岂曰无衣？与子同袍。
王于兴师，修我戈矛。与子同仇！
岂曰无衣？与子同泽。
王于兴师，修我矛戟。与子偕作！
岂曰无衣？与子同裳。
王于兴师，修我甲兵。与子偕行！

秦兵马俑

音频"秦风·无衣"

这首诗歌唱出了一个族群不甘命运摆布、顽强抗争的血性，也饱含着将士之间患难与共、携手并进的同袍之情。出生入死的友谊和危难之际相互扶持的义气历来珍贵无比。直到今天，我们在艰难时刻，依然会想到那句"岂曰无衣，与子同袍"。长久以来，越是危难，我们的民族就会越发奋、越团结。可以说，古老的诗歌塑造了我们挺立千秋的脊梁。

3. 古典诗词中的甜蜜爱情

古典诗词中，爱情是"愿得一心人，白头不相离"的专一，是"曾经沧海难为水，除却巫山不是云"的珍惜，是"上言加餐食，下言长相忆"的温暖……这些诗词满足了我们对爱情的所有美好想象。跟随音频诵读，欣赏下面这首诗，分享你的感受，品味爱情的滋味。

邶风·静女
先秦 佚名
静女其姝，俟我于城隅。爱而不见，搔首踟蹰。
静女其娈，贻我彤管。彤管有炜，说怿女美。
自牧归荑，洵美且异。匪女之为美，美人之贻。

静女其姝

音频"邶风·静女"

诗歌抒写了一个坠入爱河的小伙子与心上人约会时的心情。他心中赞扬着心上人的容貌，抓耳挠腮地等待她的到来；他炫耀着姑娘送给他的礼物，宣扬着她对自己的情义，爱屋及乌地把平凡的"彤管""黄草"当成最美丽珍贵的宝贝。小伙子等待恋人，久等不来又不敢走的着急模样和他"情人眼里出西施"的痴情，展现出爱情最率真淳朴的一面。

4. 古典诗词中的高远志趣

在虚荣浮躁的环境中，我们如果能保持一片"宁静致远"的恬淡，坚守一颗不慕荣利的初心，就能很快冷静下来。跟随音频诵读，欣赏下面这首诗歌，领略其中的高远志趣，谈谈你的感悟。

元 王冕 墨梅图

墨梅

元 王冕

我家洗砚池头树，朵朵花开淡墨痕。
不要人夸好颜色，只留清气满乾坤。

音频"墨梅"

王冕一生孤傲、淡泊功名，只以躬耕卖画为生，过得十分清贫。梅花是他最喜欢的题材，但他又不爱用彩色颜料画梅，只以淡墨点画。他不要自己的梅花以鲜艳的颜色吸引人，只愿它在天地间留下一片清香。他将梅花神清骨秀的风姿和幽独超逸的气质融入画中，又在画旁题下了《墨梅》这首诗——他要向世人宣告他坚持自我、不向世俗献媚的纯洁操守。

※ 审美园地 5

诗词所表达的深刻情感、高尚志趣能丰富我们的人生体验，赋予我们精神力量，帮助我们塑造正确的世界观、人生观、价值观。让我们遍览诗章，演绎其中的情感，分享心中感悟。

活动主题："便引诗情"分享会

活动步骤：

（1）借助导学表开展"'便引诗情'分享会"活动。
（2）寻找更多表达情感志趣的诗词，用恰当的方式演绎其中的情感，形成作品。
（3）小组内选出最佳作品，结合诗词写出作品赏析。
（4）各小组之间分享交流。

"'便引诗情'分享会"导学表

小组		小组长	
活动时间		活动形式	
情志	诗词	作品链接	
思念			
友情			
爱情			
志向			
评选结果			
作品赏析			
活动收获			
自我评价		非常满意□ 满意□ 一般□ 不满意□	

备注：①"活动形式"可以是阅读相关书籍（《乐府诗选》《唐诗三百首》《千家诗》《宋词二百首》《绝妙好词》等）、运用 AI 大模型学习、小组讨论、观看有关中华古典诗词的文化节目等。
②请小组长组织小组成员共同开展自我评价，可以从活动的意义、活动参与度、活动的效果等方面进行评价。

课后学习与拓展

★ 审美引导 4

中华古典诗词凝结着中国人心中最典雅的文字、最优美的韵律、最悠远的意境和最深刻的情感。它们悦目、悦耳、舒心、明志，它们浪漫、灵动、深刻、超然，它们美在字里行间，也美在唇间心底。让我们继续含英咀华，在诗情词韵中游目骋怀，丰盈内心。

—— 美 物 推 荐 ——

1. 看一看有关中华古典诗词的电视节目——《中国诗词大会》《经典咏流传》等。
2. 读一读这些诗集（《唐诗三百首》《千家诗》《绝妙好词》《词选·续词选》等），体验其中的诗情词韵。

| 第二节 华夏服章 |

审美描述

"云想衣裳花想容，春风拂槛露华浓"，穿越千年岁月，化作一件青衣，衣袂飘飞，勾勒华夏华彩；意象图案，描绘辽阔壮美；环佩铿锵，点亮礼仪之邦。汉服丰富的材料质地与绚烂的色彩搭配，深藏着华夏民族的美学智慧。

课前学习与发现

★ 审美引导 1

请你读一读"审美描述"的内容，联系生活中的所见所闻，和大家分享中国不同朝代的汉服之美。

※ 审美园地 1

请欣赏视频"年锦"，将你印象深刻的服饰之美记录下来，与大家交流。

视频"年锦"

课中学习与探索

★ 审美引导 2

"罗衣何飘飘，轻裾随风还"，东方神韵，盛世霓裳，汉服之美，一梦千年，汉之古朴、唐之飘逸、宋之淡雅、明之端庄。读一读"审美提示"中的词。你能联想到哪些服饰的美，将你的感受用美的语言和大家分享。

审美提示：端庄典雅、飘逸灵动、雅致、庄重、雍容华贵、收敛、清新淡雅、绚烂、华丽、古典、含蓄、轻盈、秀丽质朴、娇俏……

★ 审美引导 3

让我们一同参与雄浑敦厚——汉代服饰、绚丽华彩——唐代服饰、风雅精致——宋代服饰、文雅秀丽——明代服饰四个审美活动，通过阅读文字、欣赏图片、观看视频、应用现代信息技术手段查找相关资料等方法，一同去感受华夏服饰带给我们的美。通过"审美园地"活动，进一步探索美、实践美、创造美。

◆ **审美活动1 雄浑敦厚——汉代服饰**

曲裾　长沙马王堆汉墓出土　现藏于湖南博物院

楚王陵墓舞人陶俑　现藏于徐州博物馆

看到这组图片，你能联想到哪些有关美的词？

汉代服饰质朴自然、雄浑敦厚、端庄大气；汉代服饰承载着"礼治、道统"的思想；汉代服饰，穿时行不露足，既符合儒家礼制，又典雅富丽、雍容华贵。

"头上倭堕髻，耳中明月珠；缃绮为下裙，紫绮为上襦。"（《陌上桑》节选）请欣赏视频"传统中国之华服汉代"。

视频"传统中国之华服汉代"

汉代帛衣　现藏于徐州博物馆

汉代襦裙（示意图）

汉代曲裾深衣（示意图）

1. 汉代服饰的形制美

汉代曲裾深衣体现了一种简约美，线条流畅而富有变化，男子袍服侧缝处有开衩，行走时衣摆随风摇曳，颇具动感；女子曲裾袍通身紧窄，呈喇叭花状，突出了优美形态。裙装在裙摆处有褶皱，层次丰富，行走起来裙摆如波浪般起伏，极有美感。

曲裾深衣　长沙楚墓出土
现藏于湖南博物院

直裾　长沙马王堆汉墓出土
现藏于湖南博物院

汉代袍服（示意图）

2. 汉代服饰的材质美

汉代丝绸柔软，光滑而轻盈；绢质地厚实；缟轻薄透气；纱和罗则透明；锦最为华丽，以多彩的图案和丰富的纹理著称；麻布自然朴素，由山、云、鸟兽或藤蔓植物等组成的绣纹形象生动；毛皮柔软温暖，保温性好，光泽和质感也为服饰增添了一份奢华感。

褐色菱纹罗地"信期绣"丝绵袍
长沙马王堆汉墓出土　现藏于湖南博物院

黄纱地印花敷彩丝绵袍
长沙马王堆汉墓出土　现藏于湖南博物院

汉代服饰面料上的纹绣图案

3. 汉代服饰的色彩美

汉代男性服饰的衣色以黑为上，凸显尊贵，黑白色简约朴素，红色喜庆热烈，蓝绿色清新宁静。服饰的色彩也成为区分身份和地位的一种方式，平民多穿素色和暗色衣物，贵族则穿鲜艳和有复杂颜色的衣物。

戴冠着衣男木俑
长沙马王堆汉墓出土
现藏于湖南博物院

女俑、文官俑　西汉阳陵出土　现藏于汉阳陵博物院

汉代官服

4. 汉代服饰的装饰美

汉代服饰在领口、袖口、下摆等部位加边、镶嵌、绣花等，使之更具立体感和层次感。丝绸面料上印制图案，如云雷纹、菱形纹、回纹等，更有艺术价值。刺绣图案多取材于动植物、神话传说、几何图形等，寓意吉祥如意。织锦绚丽多彩、技艺精湛，常用于制作贵族和官员的礼服。金银线和珠片为服饰增添了奢华感，而玉石用于佩饰或镶嵌于服饰之上，质感温润，寓意吉祥。

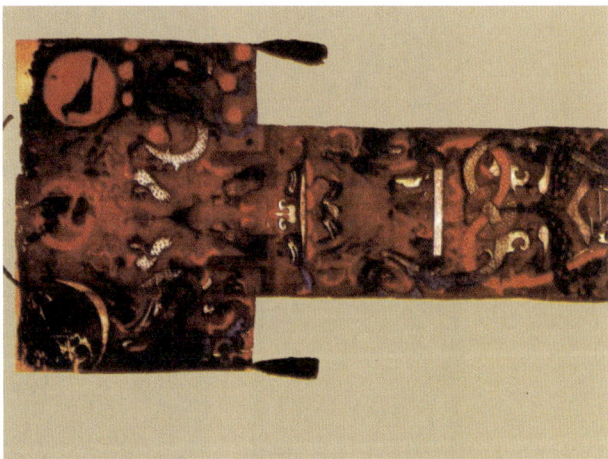

帛画　长沙马王堆汉墓出土　现藏于湖南博物院

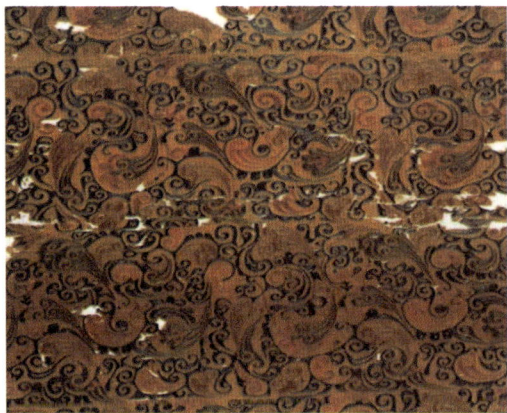

绢地"长寿绣"　长沙马王堆汉墓出土
现藏于湖南博物院

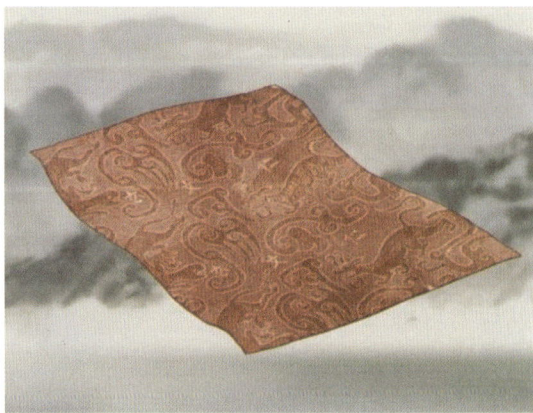

汉代衣料花纹（示意图）

※ 审美园地 2

汉代服饰庄严肃穆、简约质朴、典雅大方，制作工艺精湛，注重细节与色彩的搭配及各种装饰物的运用。

活动主题：品大汉之风韵

活动步骤：

（1）查阅汉代汉服的相关资料，通过阅读书籍、搜索网络、观看视频等形式去领略汉代服饰的美，通过欣赏装饰美的活动将汉代汉服的美记录下来。

（2）借助导学表开展"品大汉之风韵"活动。

（3）各小组之间分享交流。

"品大汉之风韵"导学表

小组		小组长	
活动时间		活动形式	
查阅资料，选出你最喜欢的汉代服饰装饰类型			
设计一款汉代服饰，并在设计的服饰上画出你最喜欢的装饰物			
美的链接			
活动收获			
自我评价	非常满意□　满意□　一般□　不满意□		

备注：①"活动形式"还可以有运用 AI 大模型学习、参观、听讲座等。

②"美的链接"可以是图片，也可以是视频链接。如果是自己创作的作品，请标注好作者姓名，并注明创作时间、地点、主题等。

③请小组长组织小组成员共同开展自我评价，可以从活动的意义、活动参与度、活动的效果等方面进行评价。

◆ 审美活动 2　绚丽华彩——唐代服饰

《步辇图》（局部）　唐　阎立本
现藏于北京故宫博物院

《舞乐图》（局部）　唐　佚名
现藏于新疆维吾尔自治区博物馆

看到这组图片，你能联想到哪些有关美的词？

初唐女装的隽秀之美，盛唐女装的雍容华贵，晚唐女装的凝重瑞丽，无不体现出唐代服饰的丰美华丽、装饰的奇异纷繁，令人目不暇接。请欣赏视频"锦衣 盛唐气象"。

视频"锦衣盛唐气象"

《华清出浴图》（局部） 清 康涛 现藏于天津博物馆

三彩男装女俑 唐 现藏于陕西历史博物馆

《侍马图》（局部） 唐 佚名 现藏于陕西历史博物馆

1. 唐代服饰的形制美

唐代服饰样式繁多、用色出彩、宽松舒适。男子服饰主要有袍、衫、裤等，袍服宽大，袖口宽阔，穿起来自由自在，体现了唐朝人追求舒适的生活态度。女了服饰如襦裙、半臂、褙子等，为了便于活动，上衣、下裳宽松飘逸，凸显女性腰身的纤细，又展现了裙装的华丽。

三彩梳妆女坐俑　现藏于陕西历史博物馆

彩绘釉陶男立俑　现藏于陕西历史博物馆

《簪花仕女图》（局部）　唐　周昉　现藏于辽宁省博物馆

2. 唐代服饰的材质美

唐代服饰的面料选材广泛，除丝绸、锦缎、布帛外，还有纱、罗等轻薄材质。面料质地柔软，手感轻盈，还运用印花、提花、刺绣等工艺，衣服华丽、美观大气。纱材质轻薄，穿起来更显朦胧，飘逸灵动。孔雀罗的经纱和纬纱密度较细，表面有一层光泽，精美又不失柔和。

《虢国夫人游春图》（局部）　唐　张萱　现藏于辽宁省博物馆

唐三彩骑马披帛女俑　唐　现藏于河南博物院

《历代帝王图》（局部）　唐　阎立本
现藏于波士顿美术馆

3. 唐代服饰的色彩美

　　唐代女子裙装热烈奔放，以红色、黄色、紫色、青色为主，杨玉环喜欢的明黄色纱裙，引起皇城内外竞相效仿，黄色一时成为女性服饰的主流颜色。唐代男子的服饰以朝中官员的等级划分，唐高宗时期开始禁止官员和平民穿黄色，赭黄色成为皇帝专用颜色。

《簪花仕女图》（局部）　唐　周昉　现藏于辽宁省博物馆

《捣练图》（局部）　唐　张萱　现藏于波士顿美术馆

《唐人宫乐图》（局部）　唐　佚名
现藏于"台北故宫博物院"

4. 唐代服饰的装饰美

唐代服饰重视花纹图案。服饰中有宝相花、小簇花、缠枝花等，宝相花大而艳丽，多选牡丹、芍药、荷花为主花纹，搭配菊花、石榴花等。宝相花多为对称图案，花瓣规律性渐变，层次递进晕染，有真实花的样貌，又有写意的效果，寓意吉祥富贵、幸福美满。《挥扇仕女图》中就有唐代贵族妇女的衣着形象，身披薄纱，姿态妖娆，惬意恬淡。

《挥扇仕女图》（局部）　唐　周昉
现藏于北京故宫博物院

花鸟纹锦（复制）　唐　现藏于苏州丝绸博物馆

彩绘釉陶女袖手立俑　唐　陕西省扎泉县
郑仁泰墓出土　现藏于昭陵博物馆

※ **审美园地 3**

唐代服饰雍容华贵、绚丽多彩，注重艳丽色调与花卉图案的运用，呈现出典雅华美的风格，充分表现出当时的繁丽和奢华。

活动主题： 赏大唐之风范

活动步骤：

（1）查阅唐代汉服的相关资料，通过阅读书籍、搜索网络、观看视频等形式去领略唐代汉服的美，通过欣赏色彩美的活动将唐代汉服的美记录下来。

（2）借助导学表开展"赏大唐之风范"活动。

（3）各小组之间分享交流。

"赏大唐之风范"导学表

小组		小组长	
活动时间		活动形式	
查阅资料，选出你最喜欢的唐代服饰的色彩类型			
查阅资料，写出唐代不同等级官员的服饰有什么区别			
美的链接			
活动收获			
自我评价	非常满意□　满意□　一般□　不满意□		

备注：①"活动形式"还可以有运用 AI 大模型学习、参观、听讲座等。

②"美的链接"可以是图片，也可以是视频链接。如果是自己创作的作品，请标注好作者姓名，并注明创作时间、地点、主题等。

③请小组长组织小组成员共同开展自我评价，可以从活动的意义、活动参与度、活动的效果等方面进行评价。

◆ 审美活动 3　风雅精致——宋代服饰

《女孝经图》（局部）　南宋　佚名　现藏于北京故宫博物院

《宋太宗立像》　宋　佚名
现藏于"台北故宫博物院"

看到这组图片，你能联想到哪些有关美的词？

视频"华熠千秋"

宋代服饰更加内敛和简约，颜色严肃淡雅，色调趋于单一，追求修身适体，强调服饰与人体形态的协调，以及线条美和结构美。请欣赏视频"华熠千秋"。

《绣枕晓镜图》　宋　王诜　现藏于"台北故宫博物院"

《饮茶图》　南宋　佚名　现藏于弗利尔美术馆

《蕉荫击球图》　宋　佚名
现藏于北京故宫博物院

1. 宋代服饰的形制美

宋代服饰剪裁修身合体，襦裙的上襦部分能很好地勾勒出女性的身材曲线。男子袍服的收腰设计，使服饰更加贴合身体，展现出男性的挺拔身姿。线条设计自然流畅，无论是袍衫还是襦裙，都展现出一种动态美。

穿窄袖短襦的泥塑宫女
现藏于晋祠博物馆

《歌乐图》（局部）　南宋　佚名
现藏于上海博物馆

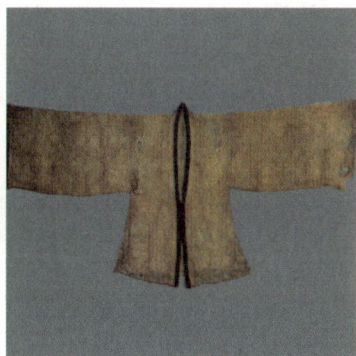

圆领单衫　金坛南宋周瑀墓出土
现藏于镇江博物馆

2. 宋代服饰的材质美

宋代丝绸以细腻、柔软、光滑著称，不同类型的丝绸如绢、缟、纱、罗、锦等，各有独特的质感和用途。丝绸轻薄柔韧，能很好地展现优美的身姿，给人灵动飘逸的感觉。棉布吸湿性和透气性好，麻布质地坚韧耐用，透气性好，都极具自然朴素之美。

《瑶台步月图》　宋　刘宗古
现藏于北京故宫博物院

晋祠宋塑侍女像
现藏于晋祠博物馆

《靓妆仕女图》　北宋　苏汉臣
现藏于波士顿美术馆

3. 宋代服饰的色彩美

宋代服饰色彩严谨细密，"品服色"成为区分官品尊卑的主要标志，黄色仍为皇帝专用色，三品以上官员的服饰为紫色，五品以上官员的服饰为朱色，七品以上官员的服饰为绿色，九品以上官员的服饰为青色。色彩搭配上讲究和谐与对比，既有单一色调的统一美，也有多颜色相互衬托的丰富效果。男子袍服多用深沉的颜色，稳重而威严；女子服饰通过不同颜色的拼接和渐变展现柔美和活泼。

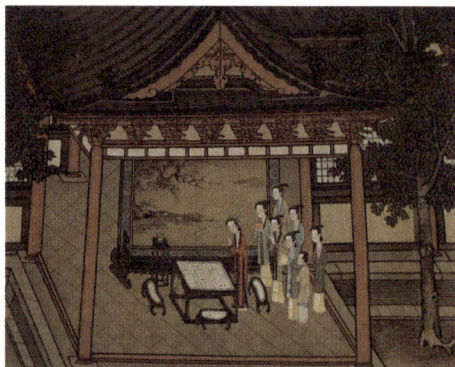

《中兴瑞应图》　宋　萧照
现藏于天津博物馆

《宫女图》　南宋　刘松年　现藏于东京国立博物馆

《调鹦图》　南宋　王居正　现藏于波士顿美术馆

4. 宋代服饰的装饰美

宋代服饰的装饰工艺包括织、绣、染、绘等多种技法。织造工艺中的提花、缂丝等技术能够制作出复杂的花纹和图案。刺绣工艺则有平绣、锁绣、钉珠绣等多种类型，每种都有其独特的风格和效果。染色工艺也相当发达，能够制作出渐变色、斑驳色等多种特殊效果。

《宋仁宗后坐像》　宋　佚名
现藏于"台北故宫博物院"

《宋仁宗坐像》　宋　佚名
现藏于"台北故宫博物院"

《十八学士图》（局部）　宋　刘松年　现藏于"台北故宫博物院"

※ 审美园地 4

宋代服饰恬静淡雅、含蓄简约，注重线条和剪裁的优雅，体现素雅简洁的风格和休闲惬意的韵味，给人一种小家碧玉的感觉。

活动主题：领大宋之风雅

活动步骤：

（1）查阅宋代汉服的相关资料，通过阅读书籍、搜索网络、观看视频等形式去领略宋代汉服的美，通过欣赏材质美的活动将宋代汉服的美记录下来。

（2）借助导学表开展"领大宋之风雅"活动。

（3）各小组之间分享交流。

"领大宋之风雅"导学表

小组		小组长	
活动时间		活动形式	
选出你最喜欢的一种宋代材质的服饰，并用一个四字词来描述			
分析宋代不同材质的服饰分别适用于哪个阶层			
美的链接			
活动收获			
自我评价	非常满意□　满意□　一般□　不满意□		

备注：①"活动形式"还可以有运用 AI 大模型学习、参观、听讲座等。

②"美的链接"可以是图片，也可以是视频链接。如果是自己创作的作品，请标注好作者姓名，并注明创作时间、地点、主题等。

③请小组长组织小组成员共同开展自我评价，可以从活动的意义、活动参与度、活动的效果等方面进行评价。

◆ **审美活动 4 文雅秀丽——明代服饰**

明代服饰之美，体现在其严谨的剪裁、合理的结构、优雅的线条，以及符合当时社会礼仪和文化特色的设计上。请欣赏视频"古代女性服饰之美"。

《神宗衮冕复原图》 明 佚名 现藏于"台北故宫博物院"

交领上衣 明 现藏于泰州博物馆

《明世宗坐像轴》 明 佚名 现藏于"台北故宫博物院"

黄缂丝"十二章纹"衮服（复原件） 明 十三陵金陵地宫出土 现藏于首都博物馆

《沈度独引友鹤图卷》（局部） 明 佚名 现藏于南京博物院

1. 明代服饰的形制美

明代男子的服饰如道袍、直裰等，女子的服饰如袄裙、褙子等，剪裁精确，线条流畅，能很好地展现穿着者的身形，使服饰既庄重又不失舒适。线条设计优雅，随着人体动作的自然流动，展现出一种动态美和飘逸感。

香色麻飞鱼贴里 明 现藏于山东博物馆

朝服上衣下裳 明 现藏于山东博物馆

蓝纱织暗花妆花蟒衣 明 现藏于孔子博物馆

2. 明代服饰的材质美

明代皇亲贵族的衣料大多是华美的绫罗绸缎，帝后及宗室们还常常将金丝银线加入布料中。绢质地较为厚实，适合制作冬装或正式场合的礼服；绸则轻薄透气，适宜夏季穿着。纱和罗则是透明的薄纱，常用于制作内衣或装饰性外披。锦是最为华丽的丝绸品种，以其多彩的图案和丰富的纹理著称，常用于制作节日庆典或贵族的盛装。

蓝色织金麒麟方补棉袍 明
现藏于山东博物馆

大红色绸绣过肩麒麟鸾凤纹女袍 明
现藏于山东博物馆

《王蜀宫妓图》（局部） 明 唐寅
现藏于北京故宫博物院

3. 明代服饰的色彩美

明代服饰色彩鲜艳，图案繁多，皇室多用红、黄、蓝等鲜艳色彩，常以龙、凤、云、山水等吉祥图案作为装饰，以彰显尊贵的身份。黄为中央之色，地位尊崇，逐渐发展为古代至高无上的皇权象征色。普通民众的衣着形成了一种上、中、下三层分明的结构，颜色主要以黑、青、赤、黄等基本色为主，更加注重简约性和实用性。

香色芝麻纱绣过肩蟒女长衫 明
现藏于山东博物馆

蓝色缠枝四季花织金妆花缎裙 明
现藏于山东博物馆

《明英宗朱祁镇常服画像》 明
佚名 现藏于"台北故宫博物院"

4. 明代服饰的装饰美

明朝服饰在一些关键部位添加装饰，如腰带、佩饰等。这些装饰物具有实用性和装饰性双重功能，腰带不仅可以固定衣物，还能调整服饰的整体轮廓，使其更加贴合身形。佩饰如玉佩、金饰等，则通过精巧的工艺和材质的对比，增强了服饰的艺术效果和身份象征。

楼阁人物金簪 明 现藏于中国国家博物馆

《临淮侯夫人史氏像》 明 现藏于中国国家博物馆

明孝靖皇后十二龙九凤冠 明 现藏于中国国家博物馆

※ 审美园地 5

明代服饰典雅大气、温婉大方、华丽庄重而富有个性，色彩图案繁多，彰显出端庄严谨与沉静贵重的风格。

活动主题：鉴大明之清丽

活动步骤：

（1）查阅明代汉服的相关资料，通过阅读书籍、搜索网络、观看视频等形式去领略明代汉服的美，通过欣赏形制美的活动将汉、唐、宋、明的形制美记录下来。

（2）借助导学表开展"鉴大明之清丽"活动。

（3）各小组之间分享交流。

"鉴大明之清丽"导学表

小组		小组长	
活动时间		活动形式	
选出你最喜欢的明代形制的服饰			
明代在服饰材质上与汉、唐、宋有什么区别			
美的链接			
活动收获			
自我评价	非常满意□　满意□　一般□　不满意□		

备注： ①"活动形式"还可以有运用 AI 大模型学习、参观、听讲座等。

②"美的链接"可以是图片，也可以是视频链接。如果是自己拍摄或创作的作品，请标注好作者姓名，并注明创作时间、地点、主题等。

③请小组长组织小组成员共同开展自我评价，可以从活动的意义、活动参与度、活动的效果等方面进行评价。

课后学习与拓展

★ 审美引导 4

汉服的色彩极其讲究，体现自然的"天人合一"境界，有着深刻的审美意蕴。中国服饰造型丰富多彩，在保留自身传统文化的基础上又向着多元化方向发展，服饰文化也体现了多元化的审美价值观。

⋯⋯● 美 物 推 荐 ●⋯⋯

　　1. 看一看介绍中国汉服的纪录片——《汉服：衣冠里的华夏》《中国历代服饰》《布衣中国》《中国服饰文化》《发现锦衣华服》等。

　　2. 阅读《中国古代服饰研究》《大明衣冠图志》《大宋衣冠》《华夏有衣》《汉服归来》等书籍。

| 第三节　民间记忆 |

审美描述

中国民间技艺朴实无华，处处散发着劳动人民内在的真挚、善良、直率与热情，将民间美学与审美情趣体现得淋漓尽致，温润而持久地传递着中国人特有的审美经验和文化情怀。

课前学习与发现

★ 审美引导1

请你读一读"审美描述"的内容，展开联想，和大家分享你知道的中国传统民间技艺。

※ 审美园地1

请欣赏视频"非遗里的时尚国潮"。将你印象深刻的民间技艺记录下来，与大家交流。

视频"非遗里的
时尚国潮"

课中学习与探索

★ 审美引导2

我们可以通过中国传统民间技艺来感受中华传统文化的深厚底蕴和审美特征，读一读"审美提示"中的词，你会联想到哪些民间技艺。将你认为最能感受到技艺之美的词用语言和大家分享。

> **审美提示：** 造型别致、精致细腻、栩栩如生、古朴、粗犷、豪放、细致、优美、精巧、简单朴素、华丽细腻……

★ 审美引导3

让我们一同参与象形着意——中国面塑，金丝玲珑——糖人、糖葫芦、拉糖技艺，镂金作胜——剪纸、花灯三个审美活动，通过阅读文字、欣赏图片、观看视频、应用现代信息技术手段查找相关资料等方法，一同去感受中国民间技艺之美。结合"审美园地"活动，进一步认识美、感受美、创造美。

◆ 审美活动1　象形着意——中国面塑

花韵龙馍

灵狮献瑞

看到这组图片，你能联想到哪些有关美的词？

视频"庐州面塑 在传承中创新"

造型别致、精致细腻、栩栩如生又寓意美好的面塑，是我国流行已久的传统民间艺术之一。面塑又称面花、礼馍、花糕、捏面人，玲珑精致的面塑呈现给我们历经千年的技艺之美与传承之美。请观赏视频"庐州面塑 在传承中创新"。

凤舞九天

雪宫灵麟

寿比南山

1. 天南海北话面塑

黄河流域的面塑古朴、粗犷、豪放，长江流域的面塑细致、优美、精巧，两者都体现出中国面塑的美。北方面塑以河北、山东等地为代表，造型粗犷、色彩鲜明、形象生动。南方面塑以江苏、浙江、广东等地为代表，造型细腻、色彩柔和、工艺精湛，注重细节的表现，如面部表情、服饰纹样等，给人以精致典雅之感。

熙春作画

花狮献福

牡丹十二钗

2. 千姿百态绘面塑

面塑可捏成各种花、鸟、鱼、虫、景物、器物、人物、动物等形象，颜色丰富、造型优美。花鸟虫鱼类、卡通人物生肖类面塑造型简练生动、形象逼真传神、比例夸张适当、色彩艳丽单纯，具有浓厚的中国民间风味。面塑色彩丰富，以其独特的艺术魅力、精湛的制作技艺、丰富的文化内涵，成为中国民间艺术的一朵奇葩。

翠鸣春晓

双鱼戏水

金凤展翅

※ **审美园地 2**

　　中国面塑种类繁多，地方特色明显，它也是传统节日里的一道美食，我们可以通过阅读书籍，与朋友交流，了解中国面塑的美。

活动主题：指尖上的技艺传承

活动步骤：

　　（1）查阅中国面塑的相关资料，可以通过阅读书籍、搜索网络，联系中国的传统节日，与小组成员一起把中国面塑的美记录下来。

　　（2）借助导学表开展"指尖上的技艺传承"活动。

　　（3）各小组之间分享交流。

"指尖上的技艺传承"导学表

小组		小组长	
活动时间		活动形式	
我最喜爱的中国面塑造型			
北方面塑与南方面塑的区别			
比一比、做一做：谁做的面塑最美			
美的链接			
活动收获			
自我评价	非常满意□　满意□　一般□　不满意□		

备注：①"活动形式"还可以有运用 AI 大模型学习、参观、听讲座等。

　　②"美的链接"可以是图片，也可以是视频链接，如果是自己拍摄或创作的作品，请标注好作者姓名，并注明创作时间、地点、主题等。

　　③请小组长组织小组成员共同开展自我评价，可以从活动的意义、活动参与度、活动的效果等方面进行评价。

◆ **审美活动 2　金丝玲珑——糖人、糖葫芦、拉糖技艺**

糖趣萌宠

喵趣糖缘

看到这组图片，你能联想到哪些有关美的词？

　　糖人可以做成人物、动物、花草等各种造型，栩栩如生。糖人的美在于它的即兴性和技巧性，这种即兴创作充满了惊喜，糖人的色彩通常来自糖本身的透明状态或者添加

视频"吹不尽的
糖人 品不尽的
年味"

的食用色素，色泽晶莹剔透，给人以视觉上的享受。糖葫芦的美在于它的色彩和口感的完美结合。水果本身就有着丰富的色彩，再加上一层光亮的糖衣，色彩更加鲜艳诱人，咬一口糖葫芦，口感层次分明，令人回味无穷。请欣赏视频"吹不尽的糖人 品不尽的年味"。

立体糖画——花轿

各式糖人

糖葫芦

1. 甜蜜灵动的糖人

用糖原料吹成的糖人呈扁圆球状，再捏出造型各异的花鸟鱼虫、人物百态等，有的还涂上花花绿绿的颜色，成为小朋友爱不释手的宝贝。画糖人可以画出十二生肖或花鸟鱼虫等不同的造型图案，民间艺人惟妙惟肖的手上功夫是造型的关键。捏糖人可以将糖制作成各式各样的人物、动物等栩栩如生的造型，根据孩子们喜欢的造型捏出各式糖人，这种走街串巷的"活计"，深受孩子们的欢迎。

吹糖人

画糖人

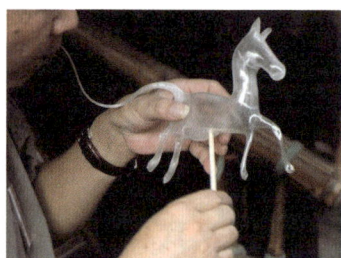
捏糖人

2. 酸甜可口的糖葫芦

糖葫芦，源自中国北方的传统小吃。糖葫芦的美主要体现为色彩之美、形状之美、口感之美、文化之美、工艺之美。当阳光照射在糖葫芦上时，晶莹剔透的糖衣反射出耀眼的光芒，如同宝石一般闪烁。一串串圆滚滚的山楂果，宛如一串串小灯笼，而外层硬化的糖衣，则像是给这些小灯笼穿上了一层光亮的盔甲，朴实无华，又不失俏皮可爱。甜中带酸、酸中带甜的口感，让人一尝难忘。

草莓玫瑰糖葫芦

缤纷山楂糖葫芦

雪容融糖葫芦

3. 精妙绝伦的拉糖技艺

拉糖又称糖艺，它是将砂糖、冰糖、艾素糖中的一种配合其他原料，经过特殊加工熬制而成的，主要用拉、吹、塑、淋等造型方法进行加工处理，是一种观赏性、可食用性和艺术性极强的独特食品。它将隐藏在平凡砂糖里的特质，毫无保留地发挥出来，并推向艺术作品的境界。在拉糖过程中，增加糖体的光泽度很重要，糖体在拉伸过程中会逐渐充入少量气体，随后发出银白色的金属光泽，拉好的糖体色泽鲜亮如绸缎。

采花成蜜　　　　　　　功夫熊猫　　　　　　　孔雀开屏

※ 审美园地 3

"丝情画意"的糖人，酸爽可口的冰糖葫芦，是儿时永远抹不掉的快乐，传承已久的糖塑艺术，至今仍深得小朋友和甜食爱好者的喜爱，回顾你吃过的糖人或糖葫芦，和大家一起分享。

活动主题：以糖为墨　忆绘童年

活动步骤：

（1）通过阅读书籍、搜索网络，联系生活实际，查找中国糖塑技艺的相关资料，与小组成员一起把中国传统糖塑技艺的美记录下来。

（2）借助导学表开展"以糖为墨　忆绘童年"活动。

（3）各小组之间分享交流。

"以糖为墨　忆绘童年"导学表

小组		小组长	
活动时间		活动形式	
我最喜爱的糖人类型有哪些			
糖葫芦的原料有哪些？它们在口味和形状上各有什么特点			
比一比、画一画：谁画的糖人最美			
美的链接			
活动收获			
自我评价	非常满意□　满意□　一般□　不满意□		

备注：①"活动形式"还可以有运用 AI 大模型学习、参观、听讲座等。

②"美的链接"可以是图片，也可以是视频链接，如果是自己拍摄或创作的作品，请标注好作者姓名，并注明创作时间、地点、主题等。

③请小组长组织小组成员共同开展自我评价，可以从活动的意义、活动参与度、活动的效果等方面进行评价。

◆ **审美活动 3　镂金作胜——剪纸、花灯**

"虎年富贵"剪纸

"百年好合"剪纸

看到这组图片，你能联想到哪些有关美的词？

视频"剪纸艺术"

一窗美景，一方天地，窗是赏不完的姹紫嫣红，花是说不尽的生动故事。剪纸为明月，点墨作繁星。质朴、生动、有趣的剪纸，散发着独特的艺术魅力。剪纸艺术是中华民族的艺术之花，作为一种镂空艺术，在视觉上给人以透空的感觉和艺术享受。请欣赏视频"剪纸艺术"。

"花开富贵"立体剪纸

"华夏之门"花灯

"孔雀西南飞"花灯

1. 中国剪纸

中国剪纸的美主要体现为形式之美、色彩之美、技艺之美、文化之美、创新之美。北方剪纸简单朴素，南方剪纸华丽细腻。民间剪纸不仅有鸡、鸭、鹅等家禽剪影、图样，还创造出了麒麟等图样。剪纸的线条流畅，构图巧妙，即使是最简单的几何图形，也能展现出一种和谐与平衡的美感。红色剪纸象征着喜庆和好运，彩色剪纸通过多层次的颜色叠加和组合，呈现出更为丰富的视觉效果。

"连年有余"剪纸

"万马奔腾"剪纸

"飞天"剪纸

2. 花灯

花灯是中国传承千年的工艺品，现在多在春节、元宵节等节日悬挂，为佳节增光添彩，祈求平安。每到元宵节，各种花灯五彩缤纷，造型优美。花灯从造型上分为人物花灯、山水花灯、花鸟花灯、龙凤花灯、鱼虫花灯等；从种类上分为宫灯、纱灯、吊灯等。宫灯玲珑剔透，生肖灯栩栩如生，仙女灯舞姿婆娑，荷花灯吉祥如意。四川省自贡市的灯会气势壮观、规模宏大、精巧别致，集"形、色、光、声、动"为一体，组成了时代的交响乐和历史的风情画，富有个性的文化品位和艺术魅力，名播四海，赢得"天下第一灯"的美称。

"瓷器大鼎"花灯

"盛世飞天"花灯

"京剧脸谱"花灯

※ 审美园地 4

剪纸与花灯作为中国民间的手工技艺，在春节、元宵节等中国传统节日里广泛应用。通过欣赏中国不同地域的剪纸、花灯，与朋友们一起分享中国传统剪纸和花灯的美。

活动主题： 巧手妙剪　纸上生花

活动步骤:

(1)通过阅读书籍、搜索网络,联系生活实际,查找中国传统剪纸和花灯的相关资料,与小组成员一起把中国剪纸和花灯的美记录下来。

(2)借助导学表开展"巧手妙剪 纸上生花"活动。

(3)各小组之间分享交流。

"巧手妙剪 纸上生花"导学表

小组		小组长	
活动时间		活动形式	
我最喜爱的地方剪纸有哪些			
中国剪纸主要有哪些图样?它们有什么寓意			
比一比、剪一剪:谁的剪纸最美			
美的链接			
活动收获			
自我评价	非常满意□ 满意□ 一般□ 不满意□		

备注: ①"活动形式"可以有查阅书籍、运用 AI 大模型学习、小组讨论、交流、参观、听讲座等。

②"美的链接"可以是图片,也可以是视频链接。如果是自己创作的作品,请标注好作者姓名,并注明创作时间、地点、主题等。

③请小组长组织小组成员共同开展自我评价,可以从活动的意义、活动参与度、活动的效果等方面进行评价。

课后学习与拓展

★ 审美引导 4

中国传统节日蕴含着深厚的文化底蕴,中国的民间技艺传承了中国优秀的传统文化。这些民间艺术,更是中国几千年来的历史文化积淀。

━━ 美 物 推 荐 ━━

1.看一看介绍中国传统民间技艺的纪录片——《活起来的技艺》《匠心》《高手在民间》《民俗中国》等。

2.阅读《中国糖画》《中国民间艺术非遗大赏》《精湛绝妙的民间工艺》《民族民间艺术瑰宝系列画册——苗族剪纸》等书籍。

第五章

品味生活之美

生活中处处存在美，美蕴藏在人们对日常生活的态度和选择的生活方式之中，它来自人们对健康体魄的崇尚，对和谐心灵的呵护，更来自对生活中闲情逸趣的精雕细琢……让我们沉浸在生活之中，用心品味生活之美。

学习目标

1. 主动发现和感悟生活中的美。

2. 正确理解"对美好生活的向往"。

3. 养成积极健康的爱好，创造生活中的美。

第一节 健康体魄

审美描述

健康体魄是生活之美的基石，有了健康才能更好地享受生活之美。现代文明社会里，人们对健康体魄的关注越来越高，挺拔的身姿，匀称的比例，优美的曲线，在给人们带来赏心悦目的视觉体验的同时，也给予人们更多的自信和活力。

课前学习与发现

★ 审美引导 1

请你读一读"审美描述"的内容，展开联想，和大家分享你心中的健康美。

※ 审美园地 1

请观赏视频"健康打造美好生活"，记录下让你觉得美的画面，与大家进行交流。

视频"健康打造
美好生活"

课中学习与探索

★ 审美引导 2

我们可以从不同的角度去欣赏健康美，去感受健康体魄带给我们的愉悦。读一读"审美提示"中的词，你能联想到什么样的画面，将你的感受用美的语言和大家分享。

> 审美提示：亭亭玉立、英姿挺拔、玉树临风、风姿卓约、身轻如燕、昂首挺胸、正襟危坐、龙行虎步、婀娜多姿、玲珑有致、袅袅婷婷……

★ 审美引导 3

让我们一同参与欣赏形体美、展现体态美、保持健康美三个审美活动，通过观看视频、欣赏图片、应用现代信息技术手段查找相关资料等方法，一同去感受健康体魄带给我们的美和震撼。通过"审美园地"活动，进一步探索美、实践美、创造美。

◆ 审美活动 1 欣赏形体美

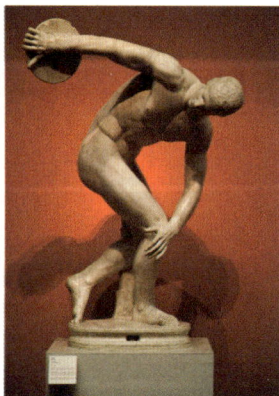

健康优雅的维纳斯　　　　　强壮有力的掷铁饼者

看到这组图片，你能联想到哪些有关美的词？

"米洛斯的维纳斯"一直被公认为是古希腊时期女性形体美的代表，它比例匀称，线条流畅，肌肉饱满柔和又富有弹性，完美再现了神话中爱与美之神——维纳斯的庄重典雅、亲切温和、婀娜多姿。"掷铁饼者"展现了一位体魄强健的男子掷铁饼的瞬间，完美的骨骼与肌肉，灵活屈伸的身体，引而不发的力量，无一不在传递着和谐、健康和活力的审美。

哲学家培根说过"形体之美胜于颜色之美"。自古以来，人们都在追求形体的美好，在不同时期和文化背景下，人们对形体的审美又有着不同的标准。总的来看，形体的美主要是指人的身体表面轮廓所表现出来的令人悦目的形态，包括身体的比例美、曲线美、筋骨美和肤色美等。请观赏视频"美好形体美好生活"。

轻盈曼妙

视频"美好形体
美好生活"

1. 匀称和谐的比例美

思想家圣奥古斯丁曾经说过，美是各部分的比例适当。人体的比例美是指人体各个器官和各个部位间有着比例上的和谐关系，其中最重要的是头身比例美和整体和谐美。

文艺复兴时期的著名艺术家达·芬奇认为大自然中最完美的是人体，人体的比例又必须符合数学的某些法则才是美的。达·芬奇绘制出了完美比例的人体——维特鲁威人。这幅由钢笔和墨水绘制的手稿，描绘了一个人在同一位置上的"十"字形和"火"字形的姿态，并同时被分别嵌入到一个正方形和一个圆形当中，人体各部分与圆形、正方形等完美的几何图形相吻合，完美形体也成为现今对形体美的审美标准。

达·芬奇与维特鲁威人

2. 刚柔并济的曲线美

当我们在欣赏高水平的舞蹈、体操、健美运动时，会惊叹于表演者技术的高超、艺术的精湛，同时会产生一种美的愉悦与享受，这就是人体曲线美的完美表达。人体的各部分以优美的曲线相连，这些曲线更加直观地表达出了形体之美。人体的曲线丰富多变，生动而有节奏，如胸要挺、腹要收、背要拔、腰要立、肩要宽、臀要圆满适度，大腿修长，脊柱正常的生理弯曲要十分明显。针对不同性别，男女身体的曲线美会有所不同。女子的曲线应是纤细连贯的，从整体看起伏较大，从局部看则平滑流畅；男子的曲线应是粗犷刚劲的，从整体看起伏较小，从局部看由于肌肉块的隐现而有隆起。总之，女子的曲线要显现出柔润之美，男子的曲线要显现出力量之美。

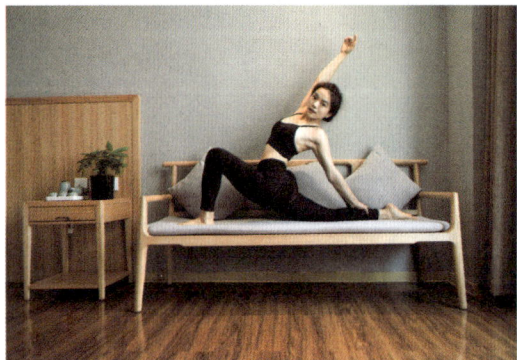

纤细连贯

粗犷刚劲

※ 审美园地 2

我们自身的形体可能不够完美，但这并不妨碍我们去发现和欣赏形体之美。

活动主题： 寻找形体中的美

活动步骤：

（1）通过视频或现场观看一场体育竞技类比赛、舞蹈表演、礼仪展示等，将你认为美的形体用关键词记录下来。

（2）借助导学表开展"寻找形体中的美"活动。

（3）各小组之间分享交流。

"寻找形体中的美"导学表

小组		小组长	
活动时间		活动形式	
美的关键词			
入选理由			
最美链接			
活动收获			
自我评价	非常满意□ 满意□ 一般□ 不满意□		

备注： ①"活动形式"还可以有运用 AI 大模型学习、参观、听讲座等。

②"最美链接"可以是图片，也可以是视频链接。如果是自己创作的作品，请标注好作者姓名，并注明创作时间、地点、主题等。

③请小组长组织小组成员共同开展自我评价，可以从活动的意义、活动参与度、活动的效果等方面进行评价。

◆ **审美活动 2 展现体态美**

优雅端庄

沉着稳健

看到这组图片，你能联想到哪些有关美的词？

在日常生活中，我们除了拥有美好的形体，还要有优雅的体态，这样才能在举手投足间展现出个人的气质和特点。体态美是身体各部分在空间活动变化中呈现出的外部形态的美。如果说形体美是人体静态美的话，那么体态美则是人体的动态美。身姿挺拔、昂首阔步、仪态大方、淡定从容，举手投足间展现出人的良好修养。优雅的体态是一种恬淡之美、自信之美、活力之美，是由内而外的神韵之美。

轻盈矫健

体态又称"仪态"，是身体的姿态和风度。用专业术语来表达的话，体态是指身体所有关节在完成特定动作时的复合排列方式。简单地说，就是我们在进行站立、坐、卧、步行等各种静态或动态动作时，身体各个部位的位置和互相之间的关系。人们可以通过自己的体态向他人传递个人的学识与修养，同时还能交流思想、表达感情。请观赏视频"生活中的体态美"。

视频"生活中的体态美"

1. 坐

坐如钟。入座要缓而轻，坐姿要与桌面保持垂直，给人一种文静、轻松、端庄、自然的感觉。

男士就座时，双脚可平踏于地，双膝亦可略微分开，双手可分置左右膝盖之上，男士穿西装时应解开上衣纽扣；女士就座时，双腿并拢，以斜放一侧为宜，双脚可稍有前后之差，即若两腿斜向左方，则右脚放在左脚之后，若两腿斜向右方，则左脚放在右脚之后。这样从视觉上可延长腿的长度，也显得颇为优雅。

安坐俨然

娴雅大方

2. 站

站如松。头、躯干和脚的纵轴在一条垂直线上，挺胸、收腹、梗颈，同时两臂自然下垂，形成一种优美挺拔的形态。

男士站立时，身体要立直，挺胸抬头、下颌微收、双目平视、两膝并严、脚跟靠紧，脚掌分开呈"V"字形。挺立腰、吸腹收、双手于身体两侧下垂。女士站立时，双脚八字步或丁字步，双手虎口相交叠放于脐下三指处，手指伸直但不要外翘。上身正直、头正目平、腰直肩平、双臂自然下垂、挺胸收腹、两腿站直、肌肉略有收缩感、微收下颌、面带微笑。

英姿飒爽   端庄秀丽

3. 行

行如风。良好的步态，应该是自如、轻盈、矫健、敏捷。

走路，是节奏美的体现。人的双脚一前一后地反复出现，就可以给人带来节奏的美感。走路时，应微微收腹。抬头挺胸，上半身应保持相对的稳定。正确的行走姿势以正确的站姿为基础。通过小腹用力使身体上提，胸挺起来。行走时上身保持站立标准，身体重心可稍向前，落于前脚趾上，有利挺胸、收腹、梗颈。理想的行走轨迹是脚正对前方而形成直线，走路动作要轻快而有节奏，双臂自然摆动，步履不可过急过大。

昂首阔步

※ 审美园地 3

优雅的体态如一张精美的名片，总能给人留下深刻的印象。根据自己的实际情况，选择坐、站、行等体态练习和展示，拍摄照片和视频，和大家一起相互欣赏和分享。

活动主题：展现最美体态

活动步骤：

（1）查阅书籍或利用网络学习坐、站、行等优雅体态，总结坐、行、站姿的关键点，反复练习。

（2）小组展示，拍摄小组中最美的坐、站、行体态。

（3）借助导学表开展"展现最美体态"活动。

（4）各小组之间分享交流。

"展现最美体态"导学表

小组		小组长	
活动时间		活动形式	
保持优雅体态的关键点			
最美体态简介			
最美体态链接			
活动收获			
自我评价	非常满意□　满意□　一般□　不满意□		

备注：①"活动形式"还可以有运用 AI 大模型学习、小组讨论、交流、听讲座等。

②"最美体态链接"可以是图片，也可以是视频链接，如果是自己创作的作品，请标注好作者姓名，并注明创作时间、地点、主题等。

③请小组长组织小组成员共同开展自我评价，可以从活动的意义、活动参与度、活动的效果等方面进行评价。

◆ 审美活动 3　保持健康美

朝气蓬勃　　　　　　　　　　　　乘风破浪

看到这组图片，你能联想到哪些有关美的词？

英姿飒爽、神采飞扬、朝气蓬勃，肆意挥洒的汗水，坚毅自信的目光，跑道上黑豹般的迅捷，篮球场上泰山压顶般的力量，泳池里鱼儿般的灵动，处处彰显着健康之美、活力之美。

勇攀高峰

美好生活的基础是健康，而保持健康的基础是科学的运动。喜欢运动且能坚持科学运动的人，举手投足、一举一动都符合人体生物学的要求，所以能够呈现出美的姿态和气质，使人显得精神干练、从容不迫。可以根据自己的身体素质，以及平时的工作学习特点选择一些适当的体育运动来锻炼身体。请欣赏视频"运动之美"。

视频"运动之美"

1. 舒展和谐的瑜伽

瑜伽是通过调整呼吸配合身体的拉伸达到锻炼的目的。适当的瑜伽运动，能够消除疲劳、平静心境，使人保持一种舒畅宁静的状态。瑜伽强调内外兼修，外修身体的姿态平衡，内修心灵的平和宁静，当我们辛勤忙碌一天后，放上一段舒缓的音乐，调整呼吸，放空大脑，想象自己置身于大自然的鸟语花香之中，做几个适当的、舒缓的拉伸动作，身体和心灵在这一刻都能得到放松。

轻盈欢快

平和宁静

2. 刚柔并济的太极

太极拳是一种融合了武术、哲学、艺术、医学的健康运动，无愧为中华传统文化的瑰宝之一。它写意灵动，飘逸潇洒，如清风摆柳，似行云流水，如一幅形神具备、意境悠远的水墨丹青。练习太极拳，既能促进血液循环，增大肺活量，又能锻炼全身肌肉，有利于塑造良好的体型和提高人的平衡能力。

中正安舒

动静相宜

3. 活力四射的健身操

健身操是融体操、音乐、舞蹈于一体的运动项目，动静结合，节奏明快，富于变化，既能锻炼身体、娱乐身心、保持健康，又能陶冶情操、感染他人。

活力四射

神采飞扬

※ 审美园地 4

请选择适合自己的运动项目，制订合理的锻炼方案，将每次的锻炼时长、形式、内容以及锻炼后的感受，记录在表格中，和其他伙伴一起分享交流。

活动主题：动起来吧

活动步骤：

（1）选择运动项目，制订合理的锻炼方案，坚持锻炼，小组内相互监督，每次锻炼后均可记录。

（2）填写"动起来吧"锻炼记录表。

（3）小组之间分享交流。

"动起来吧"锻炼记录表

小组		小组长	
活动时间		活动形式	
锻炼形式			
锻炼内容			
锻炼效果			
锻炼收获			
自我评价	非常满意□　满意□　一般□　不满意□		

备注：① 可以个人单独锻炼，也可以小组成员共同锻炼，并制订方案，坚持锻炼，相互督促。

　　　②"锻炼效果"分为优、良好、合格、未参加四个等级。

　　　③请小组长组织小组成员共同开展自我评价，可以从坚持时间、锻炼效果等方面进行评价。

课后学习与拓展

★ 审美引导 4

强个体，必先强其筋骨。如果人生是弩，我们要把自己锻成最硬的柄、最韧的弓。

频、欣赏图片、应用现代信息技术手段查找相关资料等方法，一同去体会和谐心灵带给我们的美妙感受。通过"审美园地"活动，进一步感悟和谐心灵之美。

◆ **审美活动1　与自己沟通**

照镜子的猫

镜前、镜中的我

看到这组图片，你能联想到哪些有关美的词？

"不识庐山真面目，只缘身在此山中。"生活中，我们常常被一些表象迷惑，太过关注别人眼里的自己，关注怎么做一个让别人喜欢的人，忽略了自己内心真正的需求，忘记了自己本来的样子。

老子曾说："知人者智，自知者明；胜人者有力，自胜者强。"人最熟悉的是自己，最陌生的也莫过于自己；最亲近的是自己，最疏远的也莫过于自己。我们要用心去认识自己，关注自己，欣赏自己，善于倾听自己内心深处的声音。请观看视频"泥人的一生"。

视频"泥人的一生"

1. 认识自我

认识自我，是个体对自己存在的觉察，包括对自己的行为和心理状态的认知。认识自我是一种高级的认知能力，对于个人的发展和成长具有重要意义。认识自我首先需要全面地了解自己，这包括外在形象和内在素质两个方面。外在形象包括外貌、言行等，而内在素质则包括学识、道德、能力等。我们需要既看到自己的优点和长处，也看到自己的缺点和不足。

我能行

正确认识自己

认识自我能够促进个人的自我发展。通过深入了解自己的优势和不足，我们可以找到适合自己的职业和生活方式，从而更好地实现自我价值，增强个人的自信心。自我认知还有助于改善人际关系，当我们真正理解和了解自己时，就能更好地理解和感知他人，并与他人建立更好的关系。这种关系基于相互理解和尊重，有助于提高我们的社交能力和沟通能力。

2. 心理暗示

心理暗示是指人接受外界或他人的愿望、观念、情绪、判断、态度影响的心理特点。它是人们日常生活中最常见的心理现象。在心理学上，自我暗示指通过主观想象某种特殊的人与事物的存在来进行自我刺激，达到改变行为和主观经验的目的。

积极的心理暗示能够提升自信心，帮助情绪管理，激发潜能，促进个人发展与成长。它还能带来镇定、集中和提醒等作用，帮助人们在面对挑战时更有勇气和决心去突破自我、实现目标。我们可以通过对自己进行积极的肯定与鼓励，如"我可以做到""我值得拥有"，这些话语如同心灵的滋养剂，逐渐强化自我效能感。此外，还可以通过模仿成功者的做法，如每天对自己说"我行""我正期待着……""比上次情况好多了"等。

对自己微笑

给自己鼓励

3. 情绪调节

"一张一弛，文武之道。"在繁忙的学习生活之余，在纷繁复杂的人际关系之外，我们需要一片净土，让自己放松下来，走进自己的内心世界。

情绪调节是个体对自身情绪的内在过程和外部行为表现所采取的监控、调整和修正的一系列活动，旨在达到某种情绪状态的平衡或者实现符合自身期望、适应环境需求的情绪体验及表达。例如，在即将上台演讲感到极度紧张时，通过深呼吸、自我暗示等方式让自己平静下来，这就是在进行情绪调节。有效的情绪调节能缓解不良情绪，维持身心的健康状态。情绪调节还可以改善人际关系，提高学习效率。能够恰当调节自身情绪的人，在与他人交往时往往更受欢迎。积极稳定的情绪能让人更加专注、思维更敏捷。

在我们的学习生活中，我们可以通过以下几种方式来进行情绪调节。

冥想放松：一种解除压力、缓解焦虑的好方式。我们可以跟随音乐和指导语，让积极的意念"输入"潜意识，感受到心灵的放松与和谐，将生活中的烦恼抛出，聆听自己内心深处的声音。

运动锻炼：跑步、瑜伽、打球等运动可以促使身体分泌内啡肽，从而改善情绪。很多人在心情低落时，出去跑几圈后就会觉得心情舒畅了不少。

情绪表达：把内心的感受倾诉给亲朋好友，在倾诉的过程中获得情感支持和不同的看法，有助于缓解不良情绪。

转移注意力：做一些自己感兴趣的事来转移对引发不良情绪事件的关注。沉浸在感兴趣的活动中，不良情绪也会渐渐淡化。

控制情绪

调节情绪

※ 审美园地 2

做真实的自己，真实的就是美丽的，不要为了取悦别人或试图成为某个人而盲目改变自己。现在我们一起来走进自己，为自己画一幅"自画像"吧。

活动主题： 我的"自画像"

活动步骤：

（1）请用陈述句，围绕"我是谁"这个问题，用相同的句式写下最能描述自己的句子：我是＿＿＿＿＿＿＿＿。要求从生理、心理、社会等方面认识自己，认真准确，如实描述。（例如，我是一名漂亮、聪明、有创造力、爱学习的中职生）

（2）借助导学表开展"我的自画像"活动。请你仔细思考，从自己所有的优点中，找出自己最美的 10 个地方（包括自己的各个方面，如外貌、性格、品行等），填入导学表中。最后，请再写出自己的 5 个缺点（各个方面），并思考这些缺点可以转化为什么优点。（例如，我的缺点是性子急、容易冲动，它也可以转化为热情大方、待人真诚）

（3）各小组之间分享交流。

"我的自画像"导学表

我的优点	①	②	③	④	⑤
	⑥	⑦	⑧	⑨	⑩
我的缺点	①	②	③	④	⑤
缺点的转化					

备注： ① 优点可以是各个方面的，只要自己觉得是优点都可以填写。

② 请小组长组织小组成员共同开展自我评价，可以从活动的意义、活动参与度、活动的效果等方面进行评价。注意保护小组成员的隐私。

◆ **审美活动 2　与他人沟通**

谈笑风生

侧耳倾听

看到这组图片，你能联想到哪些有关美的词？

视频
"趣味沟通"

　　沟通是人与人架起的一座无形的桥梁，沟通是情感的纽带。你平时与他人沟通时，他人的哪些话给你留下了深刻的印象，让你感觉如沐春风？

　　如果说沟通是小草，那么语言就是和暖的春风，让小草更青更壮；如果说沟通是黑夜，那么语言就是夜幕中那明亮的繁星，让天空更加明朗；如果说沟通是帆，那么语言是风，将人与人之间的小船送向更美好的未来。语言是最重要的沟通媒介，但沟通却不止语言表达这一种方式。一次倾听、一个眼神、一个动作都能传情达意，这也是沟通之道。请欣赏视频"趣味沟通"。

畅所欲言

循循善诱

1. 认真倾听

　　《简爱》中有这样一句话：你的高明之处不在于谈论你自己，而在于倾听别人谈论自己。很多时候，我们在与人交谈时，都急于去表达自己的想法，但其实倾听比表达重要。倾听，可以增进沟通，减少误解；可以换位思考，理解他人。认真倾听别人说话，这是一种教养，更是一种修养。倾听也有一定的技巧。下列表格中列举了一些倾听的技巧，请将你认为的倾听技巧按重要性进行排序，并把排序的理由和小伙伴分享交流。

技巧	排序
主动倾听	
听出言下之意	
防止自己出声打断	
适当做出回应	
全神贯注，不分心	

倾听

2. 换位思考

换位思考是一种态度，更是一种品德。懂得换位思考的人，才值得别人尊敬。与人沟通的时候，多站在他人的角度思考问题，很多困难就会迎刃而解。有一个盲人，有一天他的朋友请他吃饭。结束的时候，很晚了，朋友就给盲人点了一个灯笼，他很生气地说："我本来就看不见，你还给我一个灯笼，这不是嘲笑我吗？"朋友说："你虽然看不见，但拿上灯笼别人看得见你，这样你走在黑夜里就不怕别人撞到你了。"盲人听了很惭愧。换位思考，能感受别人的难处，是关怀；能体谅别人的不易，是宽厚；能饶恕别人的错误，是大度。

换位思考

3. 正向表达

"良言一句三冬暖，恶语伤人六月寒。"沟通的媒介离不开语言。说话是一门艺术，也是一种智慧，有的人说话，让别人感到如沐春风；而有的人却会让人敬而远之。语言是人和人沟通的媒介，清晰明了的表达易于理解；舒适和煦的表达，能传递美好。练就好的表达非一日之功，但最重要的一点是让我们的"脑子"跑赢"嘴巴"，说话之前多思考，不急不躁，心平气和地自然说话就好听了。

表达的艺术

※ 审美园地 3

与他人沟通，离不开语言表达。语言是人与人沟通的媒介，只有清晰准确的语言表达，才能让别人明白你的意思，搭建人与人沟通的桥梁。请同学们三人一组，一起完成沟通小游戏吧。

活动主题：非语言沟通

活动步骤：

（1）两名同学面对面坐好，第三名同学作为游戏裁判。

（2）面对面的两名同学，蒙上眼睛且不能说话，但可以用其他形式进行沟通。等裁判喊开始后，两名同学中只有一名同学竖起右手大拇指，则游戏成功；没有人竖大拇指或两个人都竖起大拇指则游戏失败。三名同学可互相交换角色，重复游戏。

（3）总结游戏经验，各小组之间分享。

"非语言沟通"导学表

小组		小组长		
活动时间		活动形式		
第一局：游戏人		完成情况	成功□	失败□
第二局：游戏人		完成情况	成功□	失败□
第三局：游戏人		完成情况	成功□	失败□
游戏感悟				
自我评价		非常满意□　满意□　一般□　不满意□		

备注： ① 游戏可以任意三个人玩，也可以根据组内的实际情况多人一起玩。

② 请小组长组织小组成员共同开展自我评价，可以从活动的意义、活动参与度、活动的效果等方面进行评价。

◆ **审美活动 3　与自然沟通**

秋岭霁色

林溪谧境

看到这组图片，你能联想到哪些有关美的词？

我们的生活离不开大自然，大自然为我们提供了赖以生存的美好环境，我们无时无刻不在享受着大自然的美丽。

清晨的阳光柔和地洒向大地，我们感受到了它的温暖；林间的野花摇曳着婀娜的身姿，我们嗅到了它的芬芳；活泼的小溪欢快地流淌着，我们看到了它的自由自在；清新的风儿拂过我们的脸颊，我们听到了它的悄悄话……大自然用它独特的语言与我们沟通交流。而我们只有与自然沟通，才能更好地享受自然的美好。请观赏视频"人与自然"。

视频"人与自然"

1. 走进自然

走进自然，是一场全方位的感官之旅。自然界的色彩丰富多样，令人目不暇接，像是大自然打翻了调色盘。清晨，鸟儿们开始了一天的歌唱，清脆悦耳，如同一场自然的音乐会，让人心旷神怡。各种花香扑鼻而来。让人感到清新怡人，仿佛在诉说着大自然的生机与活力。泥土的香气让人感受到大地的温暖与包容，仿佛在提醒我们生命的根源与归属。走进自然，是一场全方位的感官盛宴，让我们在忙碌的生活中找到一片宁静与放松的空间，感受到生命的美好与大自然的神奇魅力。

暖阳

听雨

戏水

2. 融入自然

自然，这个古老而神秘的存在，一直是人类探索与追求的源泉。在科学领域，融入自然意味着深入理解自然界的规律与奥秘。科学家们通过对自然现象的观察、实验和理论研究，揭示了自然界的许多基本规律。自然也是艺术创作的永恒主题。从古至今，无数艺术家以自然为灵感，创作出无数令人叹为观止的艺术作品。艺术融入自然，不仅体现在以自然为创作对象，更在于艺术家们通过艺术作品传达出对自然的感悟与思考。文化是人类社会的精神财富，而自然则是文化的重要组成部分。在人类文明的发展过程中，自然与文化紧密相连，相互影响。许多民族的传统文化中都蕴含着对自然的敬畏与崇拜。融入自然是一个多维度、多层次的过程，通过科学、艺术与文化的交融，人类可以更好地理解自然、欣赏自然、保护自然，实现人与自然的和谐共生，共同创造美好的未来。

枯叶作碗

山水作画

3. 保护自然

自然是我们赖以生存的家园，它赋予我们清新的空气、甘甜的水源、肥沃的土地，以及无数珍贵的动植物资源。人类与自然是相互依存、相互促进的。我们应该尊重自然的规律，顺应自然的变化。在城市建设中，保留绿地和湿地，让城市与自然融为一体；在农业生产中，采用可持续的耕作方式，保护土壤和生物多样性。只有当我们真正意识到保护自然的重要性，并付诸行动时，才能实现人与自然的和谐共生。让我们携手共进，守护这颗蓝色星球的美丽与宁静，让自然的歌声永远回荡在我们的生活中。在人与自然和谐共生的画卷中，我们不仅是欣赏者，更是守护者。只有这样，我们才能让子孙后代继续享受大自然的恩赐，让地球的未来充满希望和生机。

※ **审美园地 4**

你知道哪些人与自然和谐沟通的方式，哪些让你觉得很美呢？让我们一起来找一找、品一品吧。

活动主题：寻找人与自然沟通之美

活动步骤：

（1）请找寻人与自然的沟通之美，小组一同欣赏，将感受到的美用恰当的词语记录下来。

（2）借助导学表开展"寻找人与自然沟通之美"活动。

（3）各小组之间分享交流。

"寻找人与自然沟通之美"导学表

小组		小组长	
活动时间		活动形式	
内容介绍			
美的链接			
活动收获			
自我评价	非常满意□　满意□　一般□　不满意□		

备注：① "活动形式"还可以有查阅书籍、运用 AI 大模型学习、小组讨论、交流、听讲座等。

② "美的链接"可以是图片、视频链接，也可以是自己制作的作品的链接。

③ 请小组长组织小组成员共同开展自我评价，可以从活动的意义、活动参与度、活动的效果等方面进行评价。

课后学习与拓展

★ **审美引导 4**

向阳而生，逐光而行，心有暖阳，何惧人生沧桑。向阳而生，意味着我们要有自我成长和不断进步的动力，不断追求更好的自己。逐光而行，则是要有目标和方向，不断努力向着自己的梦想前进。心有暖阳，是我们要有一颗温暖的心，充满着爱和希望，才能够克服困难，走向成功。何惧人生沧桑，无论人生道路上遇到什么样的挫折和风雨，我们都应该坚定信念，勇往直前。因为只有经历过沧桑和风雨，才能更好地体验到人生的价值和意义。

——— 美 物 推 荐 ———

1. 读一读关于心理成长的书——《超越自卑》《被讨厌的勇气》等。
2. 看一看启迪心灵的电影——《海上钢琴师》《美丽心灵》《当幸福来敲门》等。

第三节　闲情逸趣

审美描述

　　法国著名作家、思想家罗兰·巴特曾经说过"生活是琐碎的，永远是琐碎的"，如果我们只是麻木地重复这日复一日的琐碎，我们的生活只能是一地鸡毛。生活之美，美在它即使琐碎，我们也能在碎片里发现它的五彩斑斓，即使忙碌，我们也能忙里偷闲享受一段闲情逸趣。

课前学习与发现

★ 审美引导1

　　请你读一读"审美描述"的内容，认真思考，谈一谈你对闲情逸趣的理解。

※ 审美园地1

　　请观赏视频"心静性闲"，将你心中对闲情逸趣的感悟用自己的方式记录下来，并与大家进行交流。

视频"心静性闲"

课中学习与探索

★ 审美引导2

　　我们可以从不同的角度去感悟闲情逸趣，去感受闲情逸趣带给我们的愉悦。读一读"审美提示"中的词，你能联想到什么样的场景，将你的感受用美的语言和大家分享。

　　审美提示： 悠然自得、云淡风轻、悠哉悠哉、气定神闲、羽觞随波、从容自在、无拘无束、无忧无虑、安逸恬淡、不紧不慢、逍遥自在……

★ 审美引导3

　　让我们一同参与沏一杯氤氲飘香的茶、调一杯香醇浓郁的咖啡，插一盆清新雅致的花三个审美活动，通过观看视频、欣赏图片、应用现代信息技术手段查找相关资料等方法，一同去感受闲情逸趣的生活。通过"审美园地"活动，进一步探索美、实践美、创造美。

◆ 审美活动1　沏一杯氤氲飘香的茶

瓷盏茶韵　　　　　　　　茶舞清幽　　　　　　　　沁人心脾

看到这组图片，你能联想到哪些有关美的词？

"偷得浮生半日闲，一缕茶香染流年。"茶，是中国古人灵魂的归属。生活的疲惫、前程的失意、昏昏醉梦的困顿都在这缕茶香中得到安抚。

和古人相比，我们的生活节奏快了很多，但茶依然是我们快节奏生活中"慢"的回归与时尚。或一人独坐，或约上三五好友，沏上一壶热茶，闻一闻那缕茶香，品一品那苦涩与回甘。茶的质朴与优雅，慰藉了疲惫的心灵，抚慰了焦躁的情绪。请观赏视频"沏一杯氤氲飘香的茶"。

1. 馥郁鲜醇的茶汤

中国是茶的故乡，也是茶文化的发源地。茶圣陆羽所著的《茶经》中说"茶之为饮，发乎神农氏"，认为茶起源于神农时代。茶，最初是做药物用的，在几千年的岁月长河中，逐渐浸染了文化意蕴，成为精神的载体，演绎出无数种口味。绿茶清新恬淡；黄茶温雅柔和；白茶质朴馨香；乌龙茶香韵万千；黑茶醇厚绵柔；红茶温润甘醇。这些神奇的东方树叶，或是含蓄地散发着一缕清甜，或是悠然地飘扬着松木熏香，抑或是猛烈直率地传递着甘苦滋味，就等着我们去一品芳泽。

茶海拾珍

2. 洁净雅致的茶具

明代许次纾的《茶疏》中云"茶滋于水，水藉于器"。这个器就是指的茶具，古代亦称茶器或茗器，主要指茶杯、茶壶、茶碗、茶盏、茶碟、茶盘等饮茶用具。《茶说》又云"器具精洁，茶愈为之生色"，可见茶具对茶的重要作用。清汤绿叶的绿茶配莹白如玉的白瓷杯，汤色红亮的红茶用清新雅致的青花瓷，滋味醇厚的黑茶配淳朴古雅的紫砂壶，韵显高香的乌龙茶则选择低调内敛的灰色炻器壶……衬托茶汤，保持茶香，增添茶趣，留存茶韵，茶具也是中华茶文化的重要组成部分。

白瓷茶具

青花瓷茶具

紫砂茶具

3. 意趣十足的茶百戏

"骤雨松声入鼎来，白云满碗花徘徊。"这是唐代诗人刘禹锡对茶百戏的描绘。茶百戏，又名为百戏、分茶、水丹青，始于唐末文人间的一种以研膏茶为原料，用清水使茶汤幻化图案的艺术活动。到了宋代，这一艺术被推崇到了极致。宋徽宗不仅撰《大观茶论》论述点茶、分茶，还亲自烹茶赐宴群臣。"碾茶为末，注之以汤，以筅击拂"，只见方寸之间的盏面上，汤纹水脉变换万千，山山水水，日出日暮，虫鱼鸟兽，花草树木……栩栩如生，惟妙惟肖，又于须臾之间散灭，令人回味无穷。

茶百戏

※ 审美园地 2

茶已经成为中国人生活中不可或缺的饮品，我们在学习的闲暇之余，约上三五好友，沏一壶清茶，聊一聊心里话，去领略闲情逸趣的生活之美。

活动主题：沏一杯氤氲飘香的茶

活动步骤：

（1）查阅茶的冲泡方法，结合视频，尝试冲泡一壶香气四溢的茶。

（2）欣赏茶形、茶汤，品尝茶香、茶味，领略茶韵，可以拍摄照片或录制视频与小伙伴分享。

（3）借助导学表开展"沏一杯氤氲飘香的茶"活动。

（4）各小组之间分享交流。

"沏一杯氤氲飘香的茶"导学表

小组		小组长	
活动时间		活动形式	
茶叶种类			
冲泡方法			
图片分享			
茶之美的感受			
活动收获			
自我评价	非常满意□　满意□　一般□　不满意□		

备注：①"图片分享"中的图如果是自己拍摄的，请标注好作者姓名，并注明时间、地点、主题等，并把图片与冲泡过程和小组同学分享。

②请小组长组织小组成员共同开展自我评价，可以从活动的意义、活动参与度、活动的效果等方面进行评价。

◆ **审美活动 2　调一杯香醇浓郁的咖啡**

街角静隅

执杯品暖

看到这组图片，你能联想到哪些有关美的词？

　　早晨，一杯手冲咖啡，加上半杯牛奶，一小勺糖，在醇厚的香气里，品尝这微微苦涩中又带着的丝滑与回甘，新的一天就此开启；困顿的午后，一杯俨俨的黑咖啡，融合了香、醇、苦、酸、甘，富有层次的味蕾刺激，瞬间让我们活力满满。

　　咖啡香浓，令人迷醉，似乎就是幸福的味道。在品尝咖啡的过程中，常常会有一种令人沉醉的愉悦、丝丝的苦涩，夹杂着缕缕浓香，沁人心脾，不知不觉中就被它吸引。浓浓的咖啡中包含着一缕情思、一份记忆、一种情调、一份心灵的慰藉。请观赏视频"调一杯香醇浓郁的咖啡"。

视频"调一杯香醇浓郁的咖啡"

缕缕浓香

醇香时刻

1. 余味悠长的醇香

　　咖啡作为一种饮料，起源于非洲，15 世纪开始传播到中东和欧洲，逐渐在全球盛行并形成了独具特色的咖啡风味和文化。例如，意大利人喜欢醇厚的浓缩咖啡，法国人偏爱丝滑的牛奶咖啡，中东的人们青睐在咖啡中加香料，而埃塞俄比亚人则要在咖啡中加一小撮盐。尽管不同地区的人对咖啡口味有不同的偏好，但对咖啡的品鉴比较统一，主要看"四味一香"：苦、酸、浓醇、甜和香味。一杯好咖啡，首先是浓郁的香气，坚果香、巧克力香、果香或花香，无论哪一种，都是嗅觉上的享受，入口微苦，伴有愉悦的酸，接着是满口生津的甜，醇厚而余味悠长。

2. 精巧雅致的器具

　　咖啡杯精巧雅致，形态各异，圆润如皮球，婀娜如花朵，格调高雅如约克郡玫瑰杯，繁复奢华如玛利亚·戴利佳杯，让人在品尝咖啡风味的同时也能享受视觉的审

静谧时光

美。咖啡杯是咖啡文化的重要组成部分，不仅代表咖啡的品尝方式，还蕴藏着丰富的文化意蕴，文艺复兴时期，甚至一度被当作艺术品来收藏。对称、比例和色彩是咖啡杯设计的三大元素。对称、比例完美、色彩和谐的咖啡杯总能给人以美的体验。欣赏咖啡杯的艺术之美，不仅可以感受到咖啡文化的魅力，还可以感受到人类对美的追求和创造。

3. 妙趣横生的拉花

就视觉审美而言，一杯图案精美的拉花咖啡，比黑咖啡更能吸引人的目光。拉花，是牛奶与咖啡的美丽邂逅，也是闲情雅致的完美呈现。每一朵泡沫上泛起的图案，都可以是一个浪漫的故事。浪漫的心形、憨态的熊猫、漂亮的孔雀开屏、纯真的满天繁星、时尚的摩登女郎……妙趣横生，回味无穷。

心叶咖香

※ 审美园地 3

咖啡作为一种流行的饮品，逐渐受到国人的喜爱，我们在学习的闲暇之余，约上三五好友，品一杯咖啡，说说知心话，去领略闲情逸趣的生活之美。

活动主题： 调一杯香醇浓郁的咖啡

活动步骤：

（1）查阅手冲咖啡的方法，结合视频，尝试冲一杯香醇四溢的咖啡。

（2）了解咖啡豆的种类及咖啡风味，将你感受到的咖啡之美记录在导学表中。

（3）借助导学表开展"调一杯香醇浓郁的咖啡"活动。

（4）各小组之间分享交流。

"调一杯香醇浓郁的咖啡"导学表

小组		小组长	
活动时间		活动形式	
咖啡豆选择		冲泡后的风味	
冲泡方法			
品尝后的感受			
自我评价		非常满意□　满意□　一般□　不满意□	

备注： ① 将自己冲泡咖啡、品尝咖啡的感受在小组内进行分享，也可将冲泡的过程录制成视频进行分享。

② 请小组长组织小组成员共同开展自我评价，可以从活动的意义、活动参与度、活动的效果等方面进行评价。

◆ **审美活动 3　插一盆清新雅致的花**

红粉佳人

生命之美

看到这组图片，你能联想到哪些有关美的词？

拈几支翠绿，几瓣淡粉，几点浅紫，巧手组合，一位娇羞的红粉佳人就出现了，"手如柔荑，肤若凝脂""巧笑倩兮，美目盼兮"，给人无限遐想。缠上几根枯枝，点缀上一支鲜活娇嫩的蝴蝶兰，凋零与盛放，生命的两种形态得到完美的融合。

大自然中，花花草草，林林总总，姿态万千，有着最美的形态和神韵。闲暇之余，我们在家也能呈现这些美。"一瓣心香写我意，妙趣从来两三枝。"一株绿枝，一朵小花，不限器皿，不拘碟盘，插于其中，搁置其上，花朵娇艳，绿枝舒展，清新雅致，宁静悠远，岁月静好，莫过于此。插花于我们是闲雅生活的点缀，更是美好心境的表达。请观赏视频"插一盆清新雅致的花"。

岁月静好

视频"插一盆清新雅致的花"

1. 造型

插花是人造景，但却源自对自然之美的热爱，以"道法自然"为原则，在造型上体现自然空灵之美。明代的花艺著作《瓶史》里提到"插花不可太繁，亦不可太瘦，多不过两三种，高低疏密要如画境布置方妙"。可见插花要美，要先有型。家庭生活中最常见的插花造型有三种：水平型、垂直型和倾斜型。无论选择哪种造型，都讲究将各类花材巧妙组合，而不是简单的堆砌团簇。好的插花造型，线条流畅、简而不繁、俯仰高下、错落有致、疏密斜正、自然大方。

花知春

2. 插器

插花之美，插器自然必不可少。同一种花材，选择不同的插花器皿，展现出的姿态和神韵是不同的。要想呈现花草的最美状态，准确表达情思，就要选择最适合的插器。可以用作插器的材料很多，从材质上看，有陶器、玻璃器皿、藤、竹、草编、化学树脂等；从形状上看，有盘、瓶、缸、碗、篮、筒等。盘有圆满、团圆之意，适合表现花材原始的舒展；瓶高且庄严表现高雅端庄；缸矮壮稳重，适合硕大鲜艳的花材，体现隆重热烈；用碗插花轻巧雅致，用篮则包罗万象，用筒则展现淡泊悠远等。

3.意境

"万物静观皆自得，四时佳兴与人同。"插花是一件美好的事情，让人静待家中，静观万物背后时光的变迁，以及花、自然与情感的和谐表达。不同的花有不同的寓意，如梅花傲立雪中象征坚韧，兰花高洁幽香象征淡泊名利，迎春花象征春光明媚，荷花则代表纯洁无邪等。不同的颜色也有不同的寓意，白色象征纯洁，粉红色表达温馨，紫色象征神秘高贵，绿色象征希望和生机，蓝色则代表深邃沉静。我们可以在插花中表达内心世界，感悟宇宙自然的生机与规律，感悟人的生存意义与价值，表达对美好生活的向往与追求。

立夏

长相思

※ 审美园地 4

插花艺术源于自然，代表着我们对美好生活的向往，也体现了我们对艺术的品鉴能力。闲暇之余，走进大自然，走进鲜花店，按自己的想法，插一束花，布置我们温馨的家吧。

活动主题： 插一盆清新雅致的花

活动步骤：

（1）观看插花视频，利用家中现有的工具，用花点缀一下家里的环境吧。

（2）借助导学表开展"插一盆清新雅致的花"活动。

"插一盆清新雅致的花"导学表

小组		小组长	
活动时间		活动形式	
作品主题			
花束种类			
插花图片			
活动收获			
自我评价	非常满意□　满意□　一般□　不满意□		

备注： ①"活动形式"还可以有购买花材亲自动手插花、借助 AI 大模型生成插花图片等。

②"插花图片"中的图片如果是自己拍摄的，请标注好作者姓名，并注明时间、地点、主题等，与小组同学分享。

③请小组长组织小组成员共同开展自我评价，可以从活动的意义、活动参与度、活动的效果等方面进行评价。

课后学习与拓展

★ 审美引导 4

"闲"不是不做事，而是一种生活态度和性格气质。有了闲情，才有逸致，组合到一起，便有了情调。偷得浮生半日"闲"，这心境是有滋有味，有百花的馨香。"情调"，是一份心境，盈一抹情怀于红尘一隅，看什么都是喜悦的心情，心中豁然坦荡，倚窗听雨，一派天然透澈。享受那种不紧不慢、自得其乐、安之若泰、潺潺流水的感觉。

— 美物推荐 —

> 1. 看一看介绍中国茶文化的纪录片——《茶：一片树叶的故事》。
> 2. 读一读表达闲情逸趣的古诗：陶渊明的《饮酒·其五》、李白的《独坐敬亭山》、杜甫的《江村》、王维的《鸟鸣涧》、李涉的《题鹤林寺僧舍》。

第六章

成就职业之美

职业之美既包括摒弃浮躁、深耕细作的专心专注，如切如磋、如琢如磨的精益求精，打破陈规、锐意进取的推陈出新，也包括对职业的热爱与执着、责任与担当、成就与贡献……

学习目标

1. 认识和发现职业之美的特征。

2. 理解"民族脊梁"的精神内核。

3. 树立推动民族复兴的使命担当。

| 第一节　专心专注 |

审美描述

　　专心专注是一种习惯，源于心中的那份赤诚。择一事，将全部心神贯注，摒弃一切杂念，不因漫长而彷徨，不因烦琐而急切，不因挫败而颓丧，不因干扰而放弃，在专心专注中不断精进技能，超越自我。

课前学习与发现

★ 审美引导1

　　请你读一读"审美描述"的内容，结合你所观察到的相关内容，和大家分享你的感受。

视频"樊锦诗：我和敦煌莫高窟"

※ 审美园地1

　　请观赏视频"樊锦诗：我和敦煌莫高窟"，将你印象深刻的专注之美记录下来，与大家进行交流。

课中学习与探索

★ 审美引导2

　　专心专注是一切成功的开始，它如同种子破土前积蓄的力量，是成就伟大事业的基石。读一读"审美提示"中的词，你能联想到哪些美好的职业场景，将你的感受用恰当的语言和大家分享。

> 审美提示：全神贯注、目注心凝、聚精会神、一心一意、心无旁骛、沉静聚焦、屏息凝神、专心致志、心无杂念……

★ 审美引导3

　　让我们一同参与专心、专注、笃专三个审美活动。通过阅读文字、欣赏图片、观看视频、应用现代信息技术手段查找相关资料等方法，一同去感受专心专注带给我们的感动。通过"审美园地"活动，进一步去探索美，实践美，创造美。

◆ 审美活动1　专心

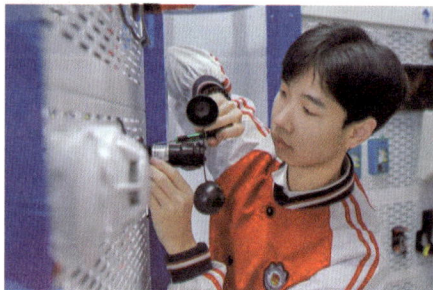

专心致志　　　　　　　　　　　　　屏息凝神

你能从这两张图中找到共同点吗？请用你能想到的词语形容他们的状态。

专心专注可以提升工作效率，提高工作的质量，激发创新思维，在专心致志的状态中可以获得一份别样的宁静和愉悦。帮助我们在面对困难和挫折时更加坚韧。

1. 屏息凝神，守护万家灯火

输电线路带电检修工从事的工作是"世界上最危险的工作"之一。在绿色的农田上，在宽阔的江面上，在车水马龙的高架旁，在百米的铁塔上，在"百万伏特"的输电线路上……他们平步百米电塔，横穿超特高压，身下是万米高空，身后是万家灯火。

如果把横跨在高空中的高压线比作随风飘摆的五线谱，那么穿梭其间的输电线路带电检修工就是五线谱中灵动的音符。放电实验数据表明，人在几米之外就可能在瞬间被特高压感应形成的电弧化为灰烬，因此他们在工作中必须心无二用，手握电力装备，线上步步挪移。他们日复一日，屏息凝神守护着万家灯火。

登高履险

凌空作业

2. 全神贯注，舞出灿烂人生

舞蹈"千手观音"不仅在艺术上取得了巨大成就，21 位舞者的专注与坚韧，更是深深地打动了世人。

在无声的世界里，排练如此高难度的舞蹈，需要 21 位聋哑演员在排练和表演过程中始终保持全神贯注。他们通过视觉和身体的感知来协调动作，确保每一个动作的精准和整齐划一，全神贯注是他们能够完成如此复杂舞蹈的关键。在表演过程中，还需要大家相互之间的配合，他们通过手语和眼神交流，形成了高度的默契，他们相互支持、相互配合，确保每一个动作都能完美呈现，这不仅需要个体的专注，还需要凝聚整个团队的专注。每一次排练，他们都全神贯注去感受音乐的节奏，用身体去诠释舞蹈的内涵。他们通过无数次的练习，将每一个动作都雕琢得完美无瑕，展现了对艺术的极致追求。当音乐响起，舞者们的手臂如同千手观音的法器，灵活而有力地舞动。他们的动作整齐划一，如同一幅精美的画卷，缓缓展开。

欣赏"千手观音"不仅仅是一场视觉的盛宴，更是一次心灵的洗礼。舞者们将舞蹈演绎得淋漓尽致，让观众在欣赏美的同时，也感受到他们对艺术的热爱和对生命的敬畏。请观赏视频"千手观音"。

视频"千手观音"

仪态万千

庄严肃穆

※ 审美园地 2

清晨教室里琅琅读书的同学，赛场上等待起跑枪声的运动员，实训室里勤学苦练的技术能手……我们随处可见凝聚着专心专注的身影。让我们仔细观察，发现和记录身边专心专注的美。

活动主题：记录身边的专注之美

活动步骤：

（1）仔细观察身边的专注之美，将其捕捉、记录下来，挖掘美背后的故事。

（2）借助导学表开展"记录身边的专注之美"活动。

（3）各小组之间分享交流。

"记录身边的专注之美"导学表

小组		小组长	
活动时间		活动形式	
美的瞬间			
美的故事			
美的体会或感悟			
活动收获			
自我评价	非常满意□　满意□　一般□　不满意□		

备注：①"活动形式"可以有查阅书籍、运用 AI 大模型学习、小组讨论、交流、参观、听讲座等。

②"美的瞬间"可以是图片，也可以是视频链接，如果是自己创作的作品，请标注好作者姓名，并注明创作时间、地点、主题等。

③请小组长组织小组成员共同开展自我评价，可以从活动的意义、活动参与度、活动的效果等方面进行评价。

◆ **审美活动 2 专注**

专心致志

精雕细琢

你知道他们在干什么吗？请用恰当的词描述一下他们的职业。

在专心的基础上，专注更强调深度的投入和高度的集中，表现为对一件事的深度关注，在职业中则体现出更为主动的投入和深度的钻研。专注使我们对从事的职业更加热爱与执着，从而获得职业中的成就。

1. 情有"独"钟

古代钟表凝聚着当时手工艺人的奇思妙想、精湛技艺，但是随着时间的流逝，这些精美的物件也逐渐衰老损坏。如何让其重新恢复昔日的活力，跨越时间的鸿沟重现当时的技艺？几百年来，故宫博物院的宫廷钟表修复师们无论窗外的世界如何变幻，都能在一方小小的工作室里，全神贯注地重复着一辈辈传承下来的修复工艺，拆解、记录、清洗、修复、组装、调试、入库……

钟表修复大师王津，十六岁进入故宫博物馆，在这一工作岗位上已工作了 46 年。四十多年的职业生涯，他修复了三百余件钟表，即使退休了，王津还是想回来和钟表打交道。择一事，终一生，喜欢上它，摒弃一切杂念，将所有都倾注于一件事情上。

日复一日，在细微处不断重复、尝试固然枯燥乏味，但慢慢沉静下来，在烦躁中重整思绪，在无聊中发现乐趣。当修复师们看到这些钟表能正常动起来，重焕往日的光彩，内心的自豪和成就感不言而喻。守住对美好成果的期待，一心一意实现最终的理想，专注带给人精神和成就上的满足正是它的美之所在。

修复后的钟表

2. 在微亦在专

微雕是中国传统工艺美术中最为精细微小的一种工艺品。微雕是用特殊的工具，在象牙、玉石、竹、木等材料的细微处进行创作。因为雕刻的对象极小，在微雕过程中肉眼无法完全看清雕刻处，雕刻者需要集中注意力，屏息静气，凭借感觉运刀完成创作。

《核舟记》：明有奇巧人曰王叔远，能以径寸之木，为宫室、器皿、人物，以至鸟兽、木石，罔不因势象形，各具情态。尝贻余核舟一，盖大苏泛赤壁云……通计一舟，为人五；为窗八；为箬篷，为楫，为炉，为壶，为手卷，为念珠各一；对联、题名并篆文，为字共三十有四。而计其长，曾不盈寸。盖简桃核修狭者为之。嘻，技亦灵怪矣哉！

微雕创作需要极致的专注。微雕工匠首先要在心中构思出一幅精巧的图纸；然后集中注意力，控制呼吸甚至是心跳，屏气凝神，将身心都融入雕刻的过程中和手中的作品上。工匠们沉浸在幽静的微观世界里，保持宁静致远的心境，专心专注，为世人带来微雕艺术独特的魅力。

掌中天地

核舟记

※ **审美园地 3**

心无旁骛是一种状态，要做到心无旁骛，需要我们不断历练自己，去体悟何为"凝神贯注"。

活动主题： 凝神贯注

活动步骤：

（1）朗读《孔子与捕蝉老人的故事》结合注释理解故事涵义，用不同的方式描绘出老人专注捕蝉的画面，感受宁静以致远的表现。

（2）借助导学表开展"凝神贯注"活动。

（3）各小组之间分享交流。

原文：

孔子与捕蝉老人的故事

仲尼适楚，出于林中，见痀偻者承蜩，犹掇之也。仲尼曰："子巧乎！有道邪？"曰："我有道也。五六月，累丸二而不坠，则失者锱铢；累三而不坠，则失者十一；累五而不坠，犹掇之也。吾处身也，若厥株拘；吾执臂也，若槁木之枝；虽天地之大，万物之多，而唯蜩翼之知。吾不反不侧，不以万物易蜩之翼，何为而不得？"孔子顾谓弟子曰："用志不分，乃凝于神，其痀偻丈人之谓乎！"

译文：

孔子到楚国去，经过一片树林，看到一个驼背老人正在用竿子粘知了，就好像用手捡取一样容易。孔子问道："您真厉害啊！有什么诀窍吗？"驼背老人说："我有诀窍啊。经过五六个月的练习，在竿头叠放两个泥丸而不掉下来，那么粘知了时失手的概率就会很小；叠放三个泥丸而不掉下来，失手的概率只有十分之一；叠放五个泥丸而不掉下来，粘知了就会像用手捡取一样容易了。我站在那里，就像半截老树桩一样稳当；我举起手臂，就像枯树枝一样纹丝不动。虽然天地很大，万物很多，但我心里就只关注着知了的翅膀。我不左顾右盼，不因万物的干扰而分散对知了翅膀的注意力，怎么会粘不到知了呢？"孔子回头对弟子们说："用心专一，就是聚精会神于一处，这就是驼背老人所说的道理啊！"

"凝神贯注"导学表

小组		小组长	
活动时间		活动形式	
专注关键词			
老人对专注的理解			
孔子对专注的理解			
小组对专注的理解			
活动收获			
自我评价	非常满意□　满意□　一般□　不满意□		

备注：① 可用原文中的语言，也可以用自己的语言作答。
　　　② "活动形式"可以有查阅书籍、运用 AI 大模型学习、小组讨论、交流等。
　　　③ 请小组长组织小组成员共同开展自我评价，可以从活动的意义、活动参与度、活动的效果等方面进行评价。

◆ **审美活动 3　笃专**

田野的追梦人

潜心研究

你认识这两位科学家吗？搜一搜关于他们的事迹。

笃专于专心和专注，不仅是指状态和行为，更突出坚定的信念，无私的奉献。不问名利，不问得失，只为国家，为人民，为人类的福祉而坚守一生。

1. 禾下乘凉梦

禾下乘凉梦，一梦逐一生。他是一位真正的耕耘者。名满天下时仍然只专注于田畴，淡泊名利，播撒智慧，收获富足。他，就是袁隆平。

1960 年的粮食短缺让袁隆平体会到"民以食为天"和粮食的重要性，从此，他转向研究水稻，立志做出一番事业，这一事业，他坚持了60余年。他凭借异于常人的专注、持久的付出，克服重重困难，数十年如一日地从事研究，一生坚持做一件对中国和世界重要的事情，最终取得一个又一个的卓越成就。大幅提升了水稻产量，有效帮助中国乃至世界化解了粮食短缺问题。

中国是世界上第一个成功研发和推广杂交水稻的国家，不仅解决了自身的粮食问题，也帮助了很多其他国家或地区的人民解决了粮食问题。经过十几年的付出，中国的杂交水稻在非洲的16个国家都结出了金黄的稻穗。袁隆平院士的"杂交水稻"，因为救了无数非洲人的生命而被印在马达加斯加最大面额的纸币上。

禾下乘凉梦

印在马达加斯加货币上的水稻

2. 惊天事业，沉默人生

他说："一个人的名字，早晚是要没有的，能把微薄的力量融进祖国的强盛之中，便足以自慰了。"他是于敏，"共和国勋章"获得者。

中华人民共和国成立两年后，于敏在著名物理学家钱三强任所长的近代物理所开始了科研生涯。他与合作者提出了原子核相干结构模型，填补了中国原子核理论的空白。1961年，他作为副组长领导和参加中国氢弹理论的预先研究。他说："国家需要我，我一定全力以赴。"从那时起，于敏就开始了长达28年隐姓埋名的生涯。

1965年9月至12月，于敏带领科研团队完成了中国核武器研究史上著名的"百日会战"。100多个日日夜夜，于敏先是埋头于堆积如山的计算机纸带，然后做密集的报告，带领大家发现了氢弹自持热核燃烧的关键，找到了突破氢弹的技术路径，形成了从原理、材料到构型的完整氢弹物理设计方案，打破了西方垄断，在氢弹原理突破中起了关键作用。

1967年6月17日，罗布泊沙漠深处，蘑菇云腾空而起，一声巨响震惊世界。中国第一颗氢弹爆炸成功！从第一颗原子弹爆炸，到第一颗氢弹试验成功，美国用了7年多，

中国氢弹之父

氢弹爆炸后的蘑菇云

苏联用了 4 年，而中国，完全从一张白纸起步，仅用了两年零八个月。

从 1961 年受命研究氢弹理论，到 1988 年解密，他为国隐姓埋名 28 年，对国家机密守口如瓶。上不告父母，下不告妻儿，或许愧对亲人，却不曾愧对国家。他是继邓稼先后中国核武器事业的重要引领者，他使中国核武器技术发展迈上了新台阶。他是中国的脊梁，他也挺起了中华民族的脊梁。请观赏视频"两弹元勋于敏"。

视频"两弹元勋于敏"

※ 审美园地 4

有这样一群人，以坚定的信念和不屈的精神，在各自的领域里默默耕耘，在他们身上有一种对国家和民族的忠诚与担当，他们是中国的骄傲、民族的脊梁。让我们通过图书馆、博物馆、互联网等去追寻他们的足迹。

活动主题：民族的脊梁

活动步骤：

（1）分小组收集历史上具有笃专精神的杰出人物的故事。

（2）分小组准备杰出人物海报、小视频、PPT 等。

（3）各小组之间分享交流。

"民族的脊梁"导学表

小组		小组长	
活动时间		活动形式	
杰出人物故事			
笃专的感悟			
我的专业		未来规划	
自我评价		非常满意□　满意□　一般□　不满意□	

备注：①"活动形式"可以有查阅书籍、运用 AI 大模型学习、小组讨论、交流、听讲座等。

②"杰出人物故事"可以以海报、小视频、PPT 等形式呈现，如果是自己创作的作品，请标注好作者姓名，并注明创作时间、地点、主题等。

③请小组长组织小组成员共同开展自我评价，可以从活动的意义、活动参与度、活动的效果等方面进行评价。

课后学习与拓展

★ 审美引导 4

专心专注是成就卓越的基石，它不仅是一种态度，更是一种能力。它让我们能够屏蔽外界的干扰，专注于自己的领域，从而将每一个细节做到极致。专注不仅让我们更好，也让我们在追求目标的过程中收获内心的满足与成就感。

—— 美 物 推 荐 ——

1. 看一看经典纪录片《我在故宫修文物》《百年巨匠》《了不起的匠人》等。

2. 读一读中国典籍中关于专心专注的名篇，如《列子·汤问》中的"愚公移山"、《左传》中的"心无二用"、《史记·李将军列传》中的"专一"等。

| 第二节　精益求精 |

审美描述

　　精益求精是一种内在品质。它在学习中是对字句的推敲，在工作中是对细节的苛求，在生活中是对完美的追寻。无论是艺术品的雕琢，还是事情的执着，精益求精都体现着对极致的渴望。精益求精不仅是技艺的升华，更是一种贯穿生活每一刻的态度，赋予平凡以非凡的意义。

课前学习与发现

★ 审美引导1

　　请你读一读"审美描述"的内容，结合你所观察到的相关内容，和大家分享你的感受。

※ 审美园地1

视频"钱七虎：国家铸盾者"

　　请观赏视频"钱七虎：国家铸盾者"，将你印象深刻的精益求精之美记下来，并与大家交流。

课中学习与探索

★ 审美引导2

　　精益求精，是于平凡中雕琢非凡的执着，是在毫厘之间追求极致的匠心，是永不满足于现状，向着更高目标不懈攀登的精神。请你读一读"审美提示"中的词，你能联想到哪些美好的职业场景，将你的感受用恰当的语言和大家分享。

> **审美提示：** 精雕细琢、尽善尽美、登峰造极、臻于至善、炉火纯青、一丝不苟……

★ 审美引导3

　　让我们一同参与一丝不苟、精雕细琢、臻于至善三个审美活动。通过阅读文字、欣赏图片、观看视频、应用现代信息技术手段查找相关资料等方法，一同去感受精益求精带给我们的感动；通过"审美园地"活动，进一步去探索美、实践美、创造美。

◆ 审美活动1　一丝不苟

全神贯注

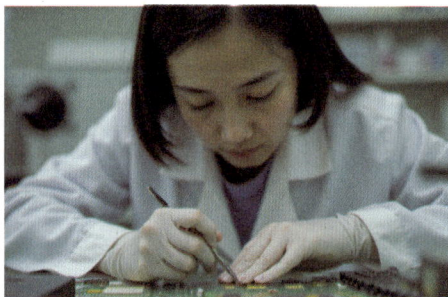

精细操作

　　看到这组图片，你能想到哪些职业之美？请把你想到的词语记录下来。

一丝不苟，绝非刻板与严苛，而是对事业的热爱与敬畏，是在平凡中雕琢非凡的匠心。它让我们在各自岗位上，以极致的态度，书写属于自己的精彩篇章，汇聚成推动社会进步的磅礴力量。

1. 庄严护旗，荣耀前行

每天清晨，36 名国旗护卫队成员从天安门城楼到金水桥，穿过长安街，踏入天安门广场，让五星红旗冉冉升起。护卫队战士动作整齐，138 步从金水桥走到国旗杆下，96 步穿过长安街，2 分 7 秒国旗升起，与太阳同时出现。一年 365 天，天安门广场上每天都有五星红旗与太阳一同升起，体现了护卫队对国旗的担当和责任。

护卫队的整齐划一源于艰苦的训练，包括站功、走功、持枪功和眼功。他们通过无数次的练习，确保每一个动作精确无误，展现了精益求精的精神，让五星红旗在天安门上空升起，成为中国的骄傲。请观看视频"国旗护卫队"。

视频
"国旗护卫队"

英姿飒爽

庄严肃穆

2. 严谨细致，服务至臻

在各类重要会场中，会场服务人员始终秉持着精益求精的态度，全力保障每一场关键会议得以顺利开展，这背后彰显出他们对职责的高度敬重以及对庄重场合的深切敬畏。他们对待工作严谨入微，不放过任何一个细节，力求会议的每一个流程、每一个环节都能达到尽善尽美的状态。他们所从事的工作，绝非仅仅是简单的服务，更是一份沉甸甸的责任与使命。在幕后，他们默默挥洒汗水、辛勤付出，正是因为他们的不懈努力，才使得一场场会议圆满成功地举办。

他们凭借专业的素养与敬业的精神，生动地阐释了"服务至上"的核心理念。对工作满腔的热爱，对细节执着的追求，让他们在看似平凡普通的岗位上，谱写了一篇又一篇令人动容的伟大篇章，成为保障会议顺利进行不可或缺的坚实力量。

整齐规整

专注细节

※ 审美园地 2

精益求精，是一种态度，更是一种境界。它是对完美的执着追求，是对细节的极致打磨，是对卓越的永恒向往。

活动主题：了解职业，熟记标准

活动步骤：

（1）通过网络搜索资源、走访等方式，了解所学专业的职业标准。

（2）分小组对资料进行整理，填写"了解职业，熟记标准"导学表，学习整理职业工具，并将整理好的场景拍照上传。

（3）各小组之间分享交流。

"了解职业，熟记标准"导学表

小组		小组长	
活动时间		活动形式	
职业标准			
照片 / 感悟			
我的专业		未来规划	
自我评价	非常满意□　满意□　一般□　不满意□		

备注：①"活动形式"还可以有运用 AI 大模型学习、小组讨论、交流、听讲座等。

②成果可以以海报、小视频、PPT 等形式呈现，如果是自己创作的作品，请标注好作者姓名，并注明创作时间、地点、主题等。

③请小组长组织小组成员共同开展自我评价，可以从活动的意义、活动参与度、活动的效果等方面进行评价。

◆ 审美活动 2　精雕细琢

精雕细琢

榫卯契合

你知道图中展现的是什么工艺吗？请用你能想到的词语形容它们的美。

精雕细琢，是对技艺的敬畏，对完美的坚守。它让平凡的材料脱胎换骨，成为承载岁月与情感的艺术珍品，也让我们在快节奏的时代，领略到那份慢工出细活的匠心之美，沉醉于这镌刻时光的艺术赞歌中。

1. 色彩绚丽，釉彩匀净

当你凝视着那薄如蝉翼、温润似玉的瓷器时，便能深切感受到其中蕴含的非凡匠心。瓷器表面，细腻得近乎完美，触手生温，仿佛在无声诉说着工匠们的悉心呵护。那绘制其上的图案，无论是灵动飘逸的花卉，还是气势磅礴的山川，皆笔触细腻，线条流畅，色彩过渡自然而和谐，仿若一幅鲜活的画卷在瓷器上徐徐展开。每一处细节，都被雕琢得恰到好处，每一抹色彩，都被精心晕染，彰显着无与伦比的精致与典雅。

这些瓷器，承载的不仅是实用功能，更是深厚文化底蕴的艺术载体。它们凝聚着无数工匠的心血与智慧，历经岁月的打磨，却始终闪耀着独特光芒。那精雕细琢的工艺，早已超越了单纯的技艺范畴，成为一种对美的执着追求，一种传承千年的文化信仰。在这一方方瓷器之中，我们仿佛能看到工匠们专注的神情，感受到他们对每一个细节的极致把控，沉醉于这精雕细琢所营造出的艺术魅力之中，难以自拔。

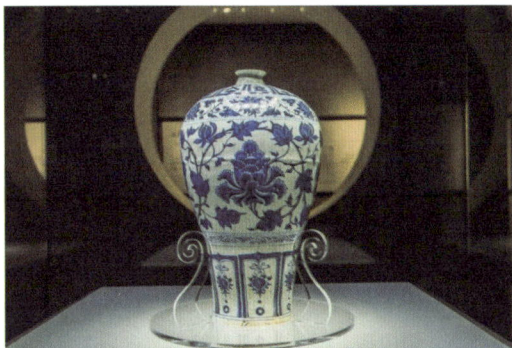

温润如玉

工艺精湛

2. 针法精妙，绣工细腻

每一处绣线的交织，都凝聚着刺绣工艺对极致的不懈追求。绣品上的图案，无论是灵动的花鸟鱼虫，还是壮阔的山河风光，皆以一种超凡脱俗的细腻质感呈现。花朵的娇艳欲滴，并非仅仅依靠色彩的堆砌，而是在每一丝绣线的细微变化中，尽显其蓬勃生机；鸟儿的羽毛根根分明，似能感受到微风拂过，轻柔摆动，这细腻入微的呈现，正是刺绣工艺精益求精的明证。

刺绣工艺的精益求精，体现在对文化内涵的深度挖掘与精准表达。它将古老的传说、传统的习俗，通过一针一线巧妙地融入绣品之中。每一个图案都承载着厚重的历史记忆，每一种色彩都蕴含着独特的文化寓意。为了完美诠释这些文化精髓，刺绣艺人在无数个日夜中潜心钻研，不断打磨技艺，力求让每一幅绣品都成为文化传承的绝佳载体。

在岁月的长河里，刺绣工艺在精益求精的道路上从未停歇。它跨越时空的界限，以其无可比拟的艺术魅力，征服着一代又一代欣赏者的目光，成为传统工艺宝库中一颗永恒闪耀的瑰宝，持续散发着独属于它的迷人芬芳。

栩栩如生

绣艺盎然

※ 审美园地 3

跨越时空的工艺，让我们心向往之。我们可以走进博物馆，了解工艺品的工艺，或者观看一场艺术演出，感受艺术的传承，也可以通过阅读书籍、搜索网络，与朋友交流去了解艺术的魅力，去领略精益求精的美。

活动主题： 记录工艺之美

活动步骤：

（1）仔细观察、发现与所学专业相关的工艺之美，将其记录下来，挖掘美背后的故事。

（2）借助导学表开展"记录工艺之美"活动。

（3）各小组之间分享交流。

"记录工艺之美"导学表

小组		小组长	
活动时间		活动形式	
美的瞬间			
美的故事			
美的体会或感悟			
活动收获			
自我评价	非常满意□　满意□　一般□　不满意□		

备注： ① "活动形式"可以有查阅书籍、运用 AI 大模型学习、小组讨论、交流、参观、听讲座等。

② "美的瞬间"可以是图片，也可以是视频链接，如果是自己创作的作品，请标注好作者姓名，并注明创作时间、地点、主题等。

③ 请小组长组织小组成员共同开展自我评价，可以从活动的意义、活动参与度、活动的效果等方面进行评价。

◆ 审美活动 3　臻于至善

巧手焊接

精心修复

你觉得从事图中的职业需要什么样的精神和品质？请把你想到的词语记录下来。

臻于至善，无关乎行业，无关乎大小，它是一种态度，一种精神。它激励着我们在各自的领域中，不断挑战自我，突破极限，以点滴的努力汇聚成追求完美的磅礴力量，让生命在追求卓越的道路上绽放出最耀眼的光芒，共同奏响这激昂奋进的时代旋律。

1. 精密焊接，追求卓越

每一次火箭升空，都承载着航天工作者的辛勤付出。高凤林，一名不为人知的焊接专家，用他的技艺为中国的航天事业贡献力量。

火箭发动机喷管的燃料输送管道的壁厚仅 0.08 毫米，高凤林在这样的极限条件下完成了无数次精确焊接，无一失误，保障了火箭的安全。在焊接过程中，高凤林全神贯注，每个焊点都关系重大。他通过不懈的练习，将焊接技术提升至极致，实现了连续上万次无差错焊接的壮举，为中国航天事业立下汗马功劳。

高凤林的故事彰显了中国工匠的风采，他们默默奉献，以精湛技艺支撑起中国制造的未来，是新时代值得我们敬仰的典范。

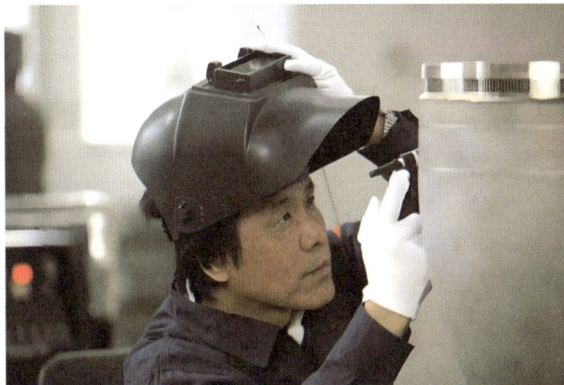
技艺卓越

巨龙腾飞

2. 工匠精神托举国产飞机

在现代化飞机生产线中，胡双钱这位钳工大师，以精湛技艺为中国大飞机的制造贡献力量。胡双钱负责为 C919 大飞机打造精密零部件，其手工锉刀的精准度超过机器，误差控制在 0.24 毫米内。他强调零件质量的重要性，经常废寝忘食地打磨，直至每个细节完美，练就了"盲配"绝技。

胡双钱展现了传统工匠精神与现代工业文明的结合，体现了对品质的极致追求和对中国制造的责任。他的故事说明，即便在科技发达的今天，工匠精神仍至关重要，是中国制造走向世界的基石。

追求极致

迎风起航

※ 审美园地 4

精益求精，不是简单的重复，而是在每一次操作中寻找突破，在每一道工序中追求极致。它需要专注与耐心，更需要勇气与担当。正是这种精神，推动着中国制造走向世界，也激励着每一个平凡的人在各自的领域追求卓越。精益求精，不仅是对技艺的锤炼，更是对初心的坚守，是对梦想的无限靠近。

活动主题：探寻大国工匠

活动步骤：

（1）分小组收集大国工匠中具有精益求精精神的人物故事。

（2）分小组准备杰出人物的海报、小视频、PPT 等。

（3）各小组之间分享交流。

"探寻大国工匠"导学表

小组		小组长	
活动时间		活动形式	
人物故事			
感悟			
我的专业		未来规划	
自我评价	非常满意□　满意□　一般□　不满意□		

备注：① "活动形式"可以有查阅书籍、运用 AI 大模型学习、小组讨论、交流、听讲座等。

② "人物故事"可以以海报、小视频、PPT 等形式呈现，如果是自己创作的作品，请标注好作者姓名，并注明创作时间、地点、主题等。

③ 请小组长组织小组成员共同开展自我评价，可以从活动的意义、活动参与度、活动的效果等方面进行评价。

课后学习与拓展

★ **审美引导 4**

精于工，匠于心，品于行。工匠精神的灵魂在于有一颗精益求精的匠心。精益求精是品质追求，是质量上的完美、技术上的极致。精益求精是工匠精神中最为称赞之处，具备工匠精神的人，对工艺品质有着不懈追求，以严谨的态度，规范地完成好每一道工艺、每一个零件、每一道工序、每一次组装，小到一支钢笔，大到一架飞机。对待工作，不是要做好，而是要做到更好，永远都是走在攀登最高峰的路上。

─────── **美 物 推 荐** ───────

1. 看一看系列纪录片《中国精神》，感受工匠对百分百完美的坚持。

2. 读一读"精益求精"一词的出处——南宋·朱熹的《论语集注》《论语图解》。

| 第三节　推陈出新 |

审美描述

推陈出新是一种创新与发展的理念，源自对创新的不懈追求。选一径，将全部热情投入，抛却所有陈规，不因传统而固步自封，不因风险而畏首畏尾，不因失败而气馁，不因质疑而动摇，在推陈出新中不断探索未知，引领变革。

课前学习与发现

★ 审美引导 1

请你读一读"审美描述"的内容，结合你所观察到的相关内容，和大家分享你的感受。

※ 审美园地 1

请观赏视频"创新中国"，将你印象深刻的创新之美记录下来，并与大家进行交流。

视频"创新中国"

课中学习与探索

★ 审美引导 2

推陈出新是一切突破的源泉，勇于突破传统，才能够开辟新的辉煌。请你读一读"审美提示"中的词，你能联想到哪些美好的职业场景，将你的感受用恰当的语言和大家分享。

> 审美提示：革故鼎新、吐故纳新、别开生面、独具匠心、别出心裁、日新月异、焕然一新……

★ 审美引导 3

让我们一同参与焕然一新、日新月异、革故鼎新三个审美活动。通过阅读文字、欣赏图片、观看视频、应用现代信息技术手段查找相关资料等方法，一同去感受推陈出新带给我们的感动。通过"审美园地"活动，进一步去探索美、实践美、创造美。

◆ 审美活动 1　焕然一新

坚固耐用

智能便捷

你见过图中的手机吗？请搜一搜手机的发展历程。

创新的力量无处不在，它让古老的行业重焕生机，让平凡的事物焕然一新。创新就是那股神奇的力量，不断为世界注入新的活力，让我们生活的每一个角落都能以崭新的姿态，迎接更加美好的未来。

1. 流光溢彩，古韵新风

香囊，中国历史悠久的传统吉祥物，古人们相信芳香材料和药材能通神，缝入布袋中，具有驱邪、祈福、保平安的功效。唐代香囊多用金银玉器、竹木牙角等材料，设计巧妙，无论怎样滚动，内里焚香金盂始终保持平衡，称为"不倒香囊"。

视频"不倒香囊"

不倒香囊结合传统与创新，底部融入不倒翁原理，无论如何摇晃，都能稳定站立。它不仅是产品创新，更是文化传承与升华，让古老香囊文化展现新时代魅力。创新能赋予传统新生命，让古老文化在新时代继续发光。请观看视频"不倒香囊"。

暗香浮动

精巧别致

2. 七巧灵动，妙构万千

在生活的舞台之上，七巧多变桌凭借其独具匠心的设计，一跃成为家居用品中的璀璨明星。它巧妙地将现代简约风格与经典智慧融合，线条简洁流畅，色彩柔和温润，每一处细节都展现出对生活美学的深刻见解。

这款桌子的设计灵感源自古老的七巧板，巧妙地将七巧板原理融入现代家具设计。通过独特的拼接方式，七巧多变桌实现了功能的多元化拓展。当你需要一张书桌时，它能迅速调整形态，化身为规整有序的学习空间；朋友相聚时，它又能瞬间变身为游戏桌，点燃聚会的欢乐氛围；而在静谧的午后，它还能摇身一变，成为精致典雅的茶桌，承载着温馨惬意的美好时光。七巧多变桌让人们在享受实用功能的同时，也能感受到生活的艺术与乐趣。

七巧多变

※ **审美园地 2**

用心观察生活，就会发现身边环境、事物以及人的新变化，挖掘身边的美好，为生活增添更多色彩和乐趣。让我们仔细观察，发现和记录身边焕然一新的美。

活动主题：记录身边焕然一新的美

活动步骤：

（1）查阅书籍或网络搜索，寻找身边焕然一新的美，将其记录下来。

（2）借助导学表开展"记录身边焕然一新的美"活动。

（3）各小组之间分享交流。

"记录身边焕然一新的美"导学表

小组		小组长	
活动时间		活动形式	
美的瞬间			
美的故事			
美的体会或感悟			
活动收获			
自我评价	非常满意□　满意□　一般□　不满意□		

备注：①"活动形式"还可以有运用 AI 大模型学习、小组讨论、交流、参观、听讲座等。

②"美的瞬间"可以是图片，也可以是视频链接，如果是自己创作的作品，请标注好作者姓名，并注明创作时间、地点、主题等。

③请小组长组织小组成员共同开展自我评价，可以从活动的意义、活动参与度、活动的效果等方面进行评价。

◆ **审美活动 2　日新月异**

灵活精巧

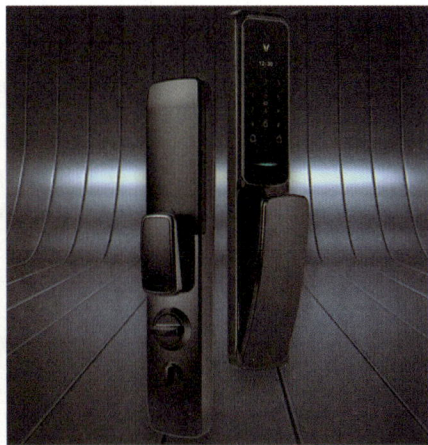

智护灵锁

你认识图中的物品吗？请简单叙述它们的出现为我们的生活带来了哪些便利。

日新月异，是时代奏响的激昂变奏曲，每一个音符都跳动着创新的活力，每一段旋律都交织着奋斗的汗水，引领着我们不断迈向充满无限可能的未来，见证更加绚烂的蜕变。

1. 棋坛悍将，数据雄师

阿尔法狗（AlphaGo）是第一个击败人类职业围棋选手、第一个战胜围棋世界冠军的人工智能机器人，在科技的广袤宇宙中，AlphaGo 恰似一颗骤然升起的夺目新星，以创新的光芒，照亮了人工智能与围棋艺术交相辉映的神秘天地。它冲破了传统围棋对弈依赖人类经验与定式的樊篱，开启了智能博弈的崭新时代。它借助深度学习算法，于无数次自我对弈中磨砺棋艺，每一步落子，皆源于对海量棋局数据的深度洞察，而非机械照搬既有模式。

其核心创新成果——深度神经网络，仿若神秘莫测的大脑，赋予 AlphaGo 类人般的"思考"能力，且具备更为宏观的全局视野。面对错综复杂的棋局，它能够以超越人类极限的速度，在庞大的可能性空间中探寻最优策略，为古老的围棋艺术注入全新活力。每一步棋，都在诉说着人工智能创新的伟大传奇，引领我们迈入智能新纪元，让我们对科技与传统融合所创造的奇迹，有了更为深刻的感悟。

人机博弈

2. 灵动健将，科技精灵

在科技的无垠星空中，人形机器人宛如一颗冉冉升起的新星，散发着革新的光芒，为国家科技的蓬勃发展注入澎湃动力。它别出心裁地融合机械工程的精巧与人工智能的智慧，打造出外观多样、性能优异的机器人产品。从身形灵活，能轻松适应复杂环境的人形机器人，到操作精准、可高效完成任务的人形协作机器人，每一款都凝聚着研发团队的非凡智慧与不懈努力。其创新的运动控制算法，赋予机器人如同人类般自然流畅的动作，在抢险救灾、工业生产、科研探索等众多领域大展身手、建功立业。

人形机器人的蓬勃兴起，不仅有力展现了企业的创新实力，更是国家科技进步的鲜明写照。它带动相关产业链携手共进，吸引大量顶尖人才积极投身科技创新的洪流。在其推动下，国家在智能机器人领域不断开拓进取、勇攀高峰，向世界展示我国强大的科技竞争力，引领国家科技这艘巨轮在广阔海洋中破浪前行，驶向更加光明灿烂的未来，彻底改写了我们的生活面貌，让生活变得更加便捷、高效且充满无限可能。请观看视频"会中国功夫的机器人"。

视频"会中国功夫的机器人"

智援灵犬

居家助手

※ 审美园地 3

科技已经融入我们的生活，日新月异的改变丰富了我们的世界。我们可以通过阅读书籍、搜索网络，与朋友交流去了解中国科技发展的历程，去领略日新月异的美。

活动主题：记录中国科技日新月异之美

活动步骤：

（1）查阅书籍或网络搜索，寻找中国科技日新月异之美，将其记录下来，挖掘创新背后的故事。

（2）借助导学表开展"记录中国科技日新月异之美"活动。

（3）各小组之间分享交流。

"记录中国科技日新月异之美"导学表

小组		小组长	
活动时间		活动形式	
美的瞬间			
美的故事			
美的体会或感悟			
活动收获			
自我评价	非常满意☐　满意☐　一般☐　不满意☐		

备注： ①"活动形式"还可以有运用 AI 大模型学习、小组讨论、交流、参观、听讲座等。

　　②"美的瞬间"可以是图片，也可以是视频链接，如果是自己创作的作品，请标注好作者姓名，并注明创作时间、地点、主题等。

　　③请小组长组织小组成员共同开展自我评价，可以从活动的意义、活动参与度、活动的效果等方面进行评价。

◆ 审美活动 3　革故鼎新

婉若游龙气势恢宏

你知道图中的工程和船舶吗？请搜一搜它们使用了哪些创新技术。

革故鼎新，是对旧有事物的勇敢扬弃，是对新希望的热切拥抱。它让我们告别因循守旧的束缚，以无畏的勇气踏上探索未知的征程，激励着我们不断前行，去创造一个又一个属于人类的辉煌奇迹。

1. 深山巨镜，观天利器

在中国群山中，有"中国天眼"，它是全球最大、最灵敏的射电望远镜，代表了中国的科技创新，被称为"国之重器"。"中国天眼"的每个环节都展现了中国智慧和创新精神。

"中国天眼"的创新在于其结构设计。它使用 6670 根钢索编织的索网作为反射面，是一种精确且特殊的结构。科研团队解决了钢索难题，首创了主动变形反射面技术，提升了观测效率。馈源舱设计也实现了突破，减轻质量并能自由移动，提高了观测准确性和灵敏度。"中国天眼"展现了中国基础科学研究的强大实力，拓展了人类观天的极限，为探索宇宙奥秘提供了新视角和工具。请观看视频"中国天眼"。

视频"中国天眼"

深山巨擘

2. 浩渺苍穹，筑梦星辰

中国空间站是中国航天的亮点，代表了"国之重器"，是载人航天工程的巅峰和科技创新的集大成者。空间站采用一体化设计，功能协调统一，通过创新技术实现了在轨组装。它应用了世界领先的柔性太阳翼和智能化技术，如空间机械臂和数字孪生技术，为航天员和空间实验提供了支持。

空间站不仅技术先进，还展现了国际合作的开放态度，与 17 个国家合作，推动了全球知识技术交流和共同问题的解决。它为中国航天树立了新里程碑，贡献了中国智慧。请观看视频"中国空间站再创奇迹"。

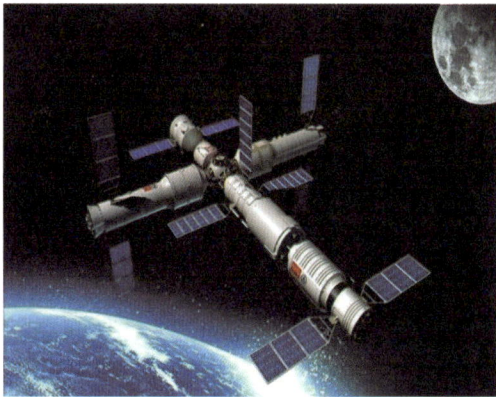

视频"中国空间站再创奇迹"

天宫筑梦

※ 审美园地 4

国之重器是国家综合实力的象征，是科技创新的结晶，更是推动国家走向繁荣富强的关键力量。我们可以通过阅读书籍、搜索网络，与朋友交流去了解国之重器，领略创新之美。

活动主题： 国之重器

活动步骤：

（1）查阅书籍或网络搜索，寻找国之重器所体现出的美，将其记录下来，挖掘科学家们的故事。

（2）借助导学表开展"国之重器"活动。

（3）各小组之间分享交流。

"国之重器"导学表

小组		小组长	
活动时间		活动形式	
美的体现			
美的体会或感悟			
活动收获			
自我评价	非常满意□　满意□　一般□　不满意□		

备注：① "活动形式"还可以有运用 AI 大模型学习、小组讨论、交流、参观、听讲座等。

② "美的体现"可以是故事，也可以是图片，还可以是视频链接等，如果是自己创作的作品，请标注好作者姓名，并注明创作时间、地点、主题等。

③ 请小组长组织小组成员共同开展自我评价，可以从活动的意义、活动参与度、活动的效果等方面进行评价。

课后学习与拓展

★ 审美引导 4

在浩瀚的历史长河中，创新决定着文明的进步。创新是古老大海上的一叶方舟，崭新的风帆扬起一片新的源泉；创新是绿茵草地里的一朵花，嫣红的花蕾绽放一抹新的希望；创新是苍苍蓝天中的一个太阳，灿烂的光辉闪耀一道新的永恒。"苟日新，日日新，又日新"，勤于内省，不断革新，才是民族兴旺发达的不竭动力。

— 美 物 推 荐 —

1. 看一看纪录片《创新中国》《大国脊梁》等，感受中国科学家的创新精神。
2. 读一读《礼记·大学》的第三章。